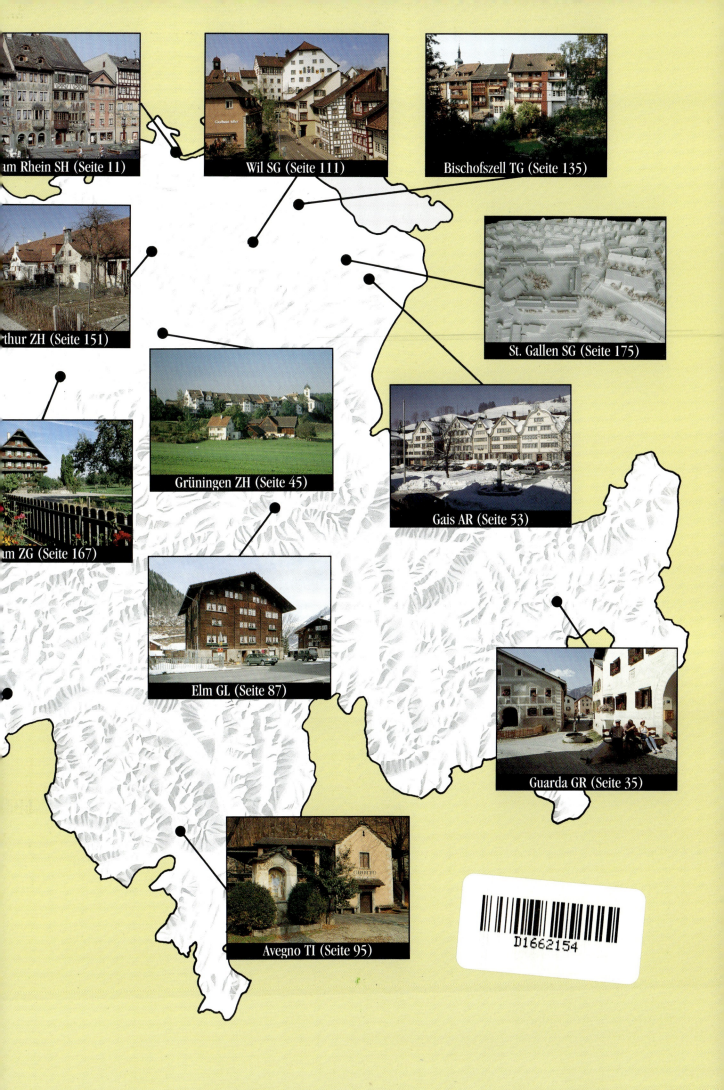

Die schönsten
Dörfer und Städte

Marco Badilatti / Rolf A. Stähli

Unbekannte Schweiz entdecken

Die schönsten Dörfer und Städte

Ein Rundgang durch einundzwanzig Ortsbilder und ihre Geschichte

Text: Marco Badilatti
Fotos: Rolf A. Stähli

Silva

Schutzumschlag vorne:

Rathausplatz von Stein am Rhein mit Marktbrunnen: Das Rathaus von 1539 (im Hintergrund) diente einst im Erdgeschoss als Markthalle.

Seite 2:

Blick vom Bischofszeller Rathaus mit seinem barocken Treppengeländer gegen die Marktgasse

Schutzumschlag hinten:

Die Häuser zum Weinstock und zum Rosenstock in der Unterstadt von Bischofszell erstrahlen nach den Renovierungsarbeiten wieder in ihrer früheren barocken Pracht.

An dieser Stelle danke ich allen, die zur Verwirklichung dieses Buches und zu der jederzeit angenehmen Zusammenarbeit beigetragen haben, herzlich – insbesondere der Verlagsleitung, dem einfühlsamen Fotografen Rolf A. Stähli, der sorgfältigen Lektorin Christina Sieg sowie den Damen und Herren der Produktion.

Marco Badilatti

Alle Rechte vorbehalten, einschliesslich derjenigen des auszugsweisen Abdrucks und der photomechanischen Wiedergabe

Sonderausgabe für Silva-Verlag 1992

© 1992 Werd Verlag, Zürich
Printed in Switzerland

ISBN 3-908485-61-4

Inhalt

Vorwort
6 Schönheit verpflichtet

Einleitung
7 Heimat ist mehr als ein Gefühl

Stein am Rhein SH
11 Das Städtchen als Dauerauftrag

Saint-Prex VD
19 Mauern, die Geschichte erzählen

Wiedlisbach BE
27 Wenn Bauernhöfe Wohnhäuser werden

Guarda GR
35 Sanfter Tourismus im Bergdorf

Grüningen ZH
45 Geschützter Kern – verschonte Weiler

Gais AR
53 Verändern und anpassen mit Mass

Dardagny GE
61 Winzer, Künstler und Städter unter einem Dach

Ernen VS
69 Auch Pflegen will gelernt sein

Solothurn SO
77 Im Dienste der Lebensqualität

Elm GL
87 Heimatschutz umfassend verstanden

Avegno TI
95 Treue zur regionalen Eigenheit

Muttenz BL
103 Ortsbilderhaltung im Industriegebiet

Wil SG
111 Mehr Lebensqualität dank Planung

Laufenburg AG
119 Neues Wohnen in alten Gassen

Diemtigen BE
127 Streusiedlungen und Landschaftsschutz

Bischofszell TG
135 Die Umgebung gehört dazu

Pruntrut JU
143 Vom Fürstensitz zum Regionalzentrum

Winterthur ZH
151 Siedlungen mit Modell-Charakter

Montreux VD
159 Der «Belle époque» verpflichtet

Cham ZG
167 Freiräume bewusst gestaltet

St. Gallen SG
175 Gestaltend weiterbauen

Vorwort

Schönheit verpflichtet

Will man einer Ende der achtziger Jahren durchgeführten Repräsentativ-Umfrage glauben, betrachtet die Mehrheit der Schweizerinnen und Schweizer Schlösser, historische Städte, Kirchen und Klöster sowie Bauernhäuser und -dörfer als besonders schützenswert. Umgekehrt bezeichnet ein Grossteil von ihnen behördliche Planungsfehler, ungenügende Kontrolle, mangelndes Können von Architekten sowie das fehlende Geschichtsbewusstsein als Hauptursachen von Ortsbildverschandelungen. Die grössten Verdienste um die Erhaltung unserer Ortsbilder werden dem Heimatschutz und der Denkmalpflege zugeschrieben.
Vergegenwärtigen wir uns ferner unser Verhalten auf Ferienreisen oder das Interesse der alljährlich durch unser Land pilgernden ausländischen Touristen. – Zu was zieht es die heutigen Menschen hin, was wollen sie sehen, besuchen sie? Die monotonen Wohnsiedlungen etwa, die unsere Zivilisation besonders seit dem Zweiten Weltkrieg überall aus dem Boden gestampft hat? Oder jene hässlichen und rund um den Erdball sich wie ein Ei dem andern gleichenden modernen Geschäftszentren? Mitnichten! Egal, wo wir uns aufhalten, ob in Athen oder Florenz, Chartres oder Prag, Stein am Rhein oder Guarda, was wir suchen und was uns anspricht, ist anderer Art: das Ursprüngliche, organisch Gewachsene, Typische, Besondere, Schöne, Harmonische, Echte, Intakte, Identität und Geborgenheit Vermittelnde. Es sind jene Landschaften, Kulturstätten, Ortsbilder, mit denen heute überall um die Gunst des Gastes geworben wird und die in Prospekten, Büchern und auf Postkarten als nationale Aushängeschilder dienen. Und die Nachfrage nach ihnen scheint im gleichen Ausmass zu wachsen, wie unser täglicher Lebensraum ästhetisch verarmt und an Lebensqualität verliert.
Doch es gibt – gottlob – noch viel Schönes zu sehen, zu bewahren, zu pflegen und zu gestalten. In den letzten Jahren hat der Sinn dafür eher wieder zugenommen. In vielen Gemeinden ist man vorsichtiger geworden, wenn es darum geht, den heimatlichen Lebensraum umzukrempeln. Denn man hat erkannt, dass einmal Zerstörtes nicht ohne weiteres durch Ebenbürtiges zu ersetzen ist. Die Bereitschaft ist gestiegen, bedrohte Kulturgüter zu «retten», während Jahrzehnten sich selbst überlassene Altbauten zu unterhalten, zu renovieren, sinnvoll umzunutzen und bei nötigen Neubauvorhaben auf die Umgebung zu achten.
Eine der treibenden Kräfte, die den Boden dafür geebnet haben, ist der Schweizer Heimatschutz mit seinen landesweiten Sektionen. Schon 1905 gegründet, hat er sich zum Ziel gesetzt, «die Schweiz als gewachsenen Lebensraum zu schützen, zu pflegen und unter Wahrung der Würde des Menschen sowie der Natur- und Kulturgüter weiterzuentwickeln». Zu den Aktivitäten dieser privaten Vereinigung gehört es, seit 1972 jedes Jahr einer Gemeinde, die sich um ihr Ortsbild besonders verdient gemacht hat, den sogenannten Wakker-Preis zu verleihen. Er geht zurück auf ein Vermächtnis des Genfer Geschäftsmannes Henri-Louis Wakker (1875–1972) an den Schweizer Heimatschutz und wird nach einem gründlichen Evaluationsverfahren zwischen mehreren Kandidaten vergeben.
In diesem Buch werden alle bisherigen Preisträger in Wort und Bild vorgestellt. Es konnte dabei nicht darum gehen, jede Ortschaft erschöpfend zu porträtieren. Angestrebt wurde vielmehr, mit knappen Federstrichen das Wesentliche, Charakteristische dieser Dörfer und Städte herauszuschälen. Auf deren Anfänge und Entwicklung, die sie geprägt haben, wird dabei ebenso eingegangen wie auf ihre baulichen Schönheiten und Probleme. Auch galt es, die Politik und Instrumente zu umreissen, die in den einzelnen Gemeinden entwickelt wurden und die sie schliesslich die begehrte Auszeichnung verdienen liessen. Der aufmerksamen Leserin und dem Leser dürfte dabei kaum entgehen, dass der Weg zum schönen Dorf und zur lebenswerten Stadt oft dornenvoll ist, dass sich in den letzten zwanzig Jahren auch der Heimatschutz gewandelt hat und dass um das, was letztlich ein gutes Ortsbild ausmacht, stets neu gerungen werden muss.

Marco Badilatti

Einleitung

Heimat ist mehr als ein Gefühl

Als ich einmal nach einer Entdeckungsreise kreuz und quer durch die Schweiz gefragt wurde, wo es mir denn am besten gefallen habe, nannte ich spontan drei Regionen und Ortschaften. Stunden später ging mir meine Reaktion nochmals durch den Kopf. Warum gerade sie? Ja, wie kommt es, dass eine Gegend, ein Dorf, eine Stadt mehr anzusprechen vermag als andere? Und was löst es aus, dass man sich hier sofort heimisch fühlt, dort aber nicht warm werden will?

Vielleicht sind Ihnen, liebe Leserin und lieber Leser, auch schon solche Gedanken durch den Kopf gegangen, während Sie sich über Wert und Unwert einer Landschaft oder Ortschaft Klarheit zu verschaffen suchten. Schönheit will durch aufmerksames Beobachten mit den Sinnen erfasst werden. Und sie beruht, wie man schon in der Antike wusste, in der Renaissance bekräftigte und inzwischen wissenschaftlich belegen kann, keineswegs nur auf den subjektiven Empfindungen der Betrachterin oder des Betrachters. So wird beispielsweise kein Mensch einen monströsen Siloturm neben einem feingliedrigen Bauernhaus oder ein hochmodernes Bankgebäude aus Aluminium in einer gotischen Bürgerhaus-Reihe als harmonisch empfinden. Und umgekehrt dürfte niemand eine unversehrte Landschaft, ein intaktes Ortsbild oder ein wohlproportioniertes Einzelgebäude als hässlich erachten. Schönheit und Harmonie unterliegen bestimmten Gesetzen und haben offensichtlich auch etwas mit dem homogenen Zusammenspiel der einzelnen Elemente, Formen und Strukturen zu tun.

Von der Natur- zur Kulturlandschaft

Das, was wir als Landschaft bezeichnen, ist das Ergebnis eines jahrmillionenlangen Prozesses, wurde durch die Naturkräfte gebildet und fortlaufend verändert. Im Gegensatz zur reinen Naturlandschaft, die es in der Schweiz nur noch in wenigen abgelegenen Bergregionen gibt, macht die Kulturlandschaft den grössten Teil unseres Landes aus. Sie findet sich in mannigfaltigen Formen, die seit dem Auftreten des Menschen im Laufe von Jahrtausenden herausgebildet wurden – durch die Art, wie er den Boden nutzte, bewirtschaftete, besiedelte, verstrasste. So entstanden bald naturnahe, bald traditionelle, bald moderne Landschaften, Schutz-, Agrar-, Industrie- und Stadtlandschaften, um nur einige zu nennen.

Je nach ihrer Nutzung erfüllt eine Landschaft sehr verschiedenartige Funktionen, die aber fast immer in einem engen Verhältnis zueinander stehen, sich gegenseitig beeinflussen, ergänzen, befruchten, stören oder sogar schaden. Wer in die Landschaft eingreift, berührt einen lebendigen Organismus. Denn jede Landschaft stellt zunächst und vor allem ein empfindliches Gefüge dar, in welchem vielfältige biologische Prozesse ablaufen und der Naturhaushalt geregelt wird. Für den Menschen war sie aber schon immer und in unserer Zeit in ganz besonderem Masse Konsumgut. In ihr bewegt er sich, von ihr ernährt er sich, sie hält ihm Rohstoffe und Energie bereit, sie zwingt ihm Schweiss ab, schenkt ihm aber auch Schönheit und Erholung. Die Landschaft befriedigt somit quantitative und qualitative, materielle und immaterielle, körperliche und seelisch-geistige Bedürfnisse. Nicht umsonst suchen wir sie immer wieder auf.

Vielfältige Haustypen und Siedlungen

Ähnlich verhält es sich mit unseren Siedlungen. Von den primitiven Höhlen im Voralpen- und Alpenraum über die Fellzelte der Nomaden bis zu den ersten Reisighütten der sesshaft gewordenen «Pfahlbauer» war ein langer Weg. Sowohl in Abhängigkeit wie im Einklang mit der Natur, dem Klima und der Landschaft entwickelte der Mensch seine Behausungen aber weiter. So entstanden bei uns aus einfachen Holzbalken Block-, Ständer- und Fachwerkbauten in oft bewunderungswürdigen Konstruktionsformen, wie wir sie vor allem beim Bauernhaus vorfinden. Während der Blockbau im Alpenraum und der Ständerbau im Mittelland verbreitet ist, tritt das Fachwerkhaus besonders in der

Nordost- und Nordwestschweiz auf. Das leicht zugängliche Material, die zunehmende Fertigkeit der Bauhandwerker und der Wunsch nach mehr Sicherheit (zum Beispiel vor Feuergefahren), Komfort und sozialer Selbstdarstellung führten zu den verschiedensten Steinbautypen. Wir treffen sie als städtische Bürgerhäuser, Kirchen und öffentliche Bauten aller Art an, im Tessin, in Südbünden, im Jura und in der Westschweiz aber auch als Bauernhäuser. Die Gesamtheit dieses baukulturellen Erbes, das häufig von einer bemerkenswerten künstlerischen Ausgestaltung geprägt ist, bildet jene traditionellen Siedlungsteile, die wir heute als «schützenswerte Ortsbilder» kennzeichnen: Einzelgebäude, Häusergruppen, Weiler, Dörfer und Städte.

Ob an den Rebhängen des Genfersees, in einem Bündner Bergdorf oder einem Weiler im Val Maggia, ob in einem gewerblich-kaufmännischen Kleinstädtchen am Rhein, einer fürstbischöflichen Kapitale in der Ajoie oder einer Zürcher Industriemetropole – überall haben sich aber im Laufe der Jahrhunderte charakteristische Wohnformen, Haustypen und Siedlungen herausgebildet, bei denen sich manche zwar ähneln, an denen sich auch gegenseitige Einflüsse ablesen lassen, die aber letztlich doch unverkennbare regionale Züge tragen. Sie widerspiegeln den Geist ihrer Erbauer und Bewohner und zeugen von den klimatischen, geografischen, topografischen, gesellschaftlichen, wirtschaftlichen und kulturellen Bedingungen ihrer Umgebung und Zeit.

Unsere Behausungen erfüllen indessen nicht nur den Zweck, uns vor Witterungseinflüssen zu schützen, ein Dach über dem Kopf, Unterschlupf für unser Tagewerk und zur Befriedigung unserer körperlichen und sozialen Bedürfnisse zu bieten. Häuser, ja ganze Siedlungen sind auch Träger von Symbolbedeutungen, die den tieferen Schichten der menschlichen Seele entspringen. Und nicht nur das: Gebäude nehmen eine Schlüsselstellung ein als Identifikationsobjekte des Menschen. Sie tragen wesentlich dazu bei, dass wir uns in der Welt zurechtfinden. So, wie die Landschaft, die Menschen, die Sprache, Strassen und Plätze, der Brunnen oder Lindenbaum nebenan, wie Farben, Formen, Gerüche usw., so vermittelt auch das Haus ein Gefühl von Vertrautheit, Geborgenheit, Heimat – oder eben nicht! Kurz, es schenkt über alle Behaglichkeit hinaus vielschichtige emotionale Erlebniswerte, auf die der Mensch niemals verzichten kann. Es ist deshalb nicht gleichgültig, wie wir mit diesem unserem gebauten Lebensraum umgehen.

Schweiz im Umbruch

Bis zu Beginn des 19. Jahrhunderts hatte sich unsere Kulturlandschaft eher langsam gewandelt. Mit den grossen Gewässerkorrektionen, der Verbreitung der Dampfmaschine, der einsetzenden Industrialisierung, dem Bau der Eisenbahnlinien und der Nutzung der Wasserkraft beschleunigte sich dann aber dieser Prozess. Und in unserem Jahrhundert setzten sich die Veränderungen in einem geradezu atemraubenden Tempo fort: Der rasche Bevölkerungszuwachs, das Aufkommen des Autos und der Ausbau des Strassennetzes, die Mechanisierung und Intensivierung der Landwirtschaft, ein noch nie dagewesener Wirtschaftsboom und Wohlstand mit einem entsprechend verschwenderischen Lebensstil sind nur einige Ursachen dafür. Lassen wir ein paar Zahlen sprechen: Mehr als die Hälfte unseres Gebäudebestandes ist in den Jahren nach dem Zweiten Weltkrieg entstanden, und zwar weitgehend auf der grünen Wiese. Allein die für den Verkehr benötigte Fläche ist heute viermal grösser als vor dreissig Jahren. Von 1972 bis 1983 etwa haben wir jährlich 2900 Hektaren offene Landschaft mit Siedlungen, Industrieanlagen und Strassen überbaut, was der Fläche des Brienzersees entspricht. 250 Hektaren Streuwiesen und Torfland sind während jener Zeit durch Grundwasserabsenkung, Düngung usw. verschwunden. Jede Stunde wurden sechs grosse Obstbäume ersatzlos gefällt, womit sich der Obstbaumbestand in einem einzigen Jahrzehnt um 30 Prozent reduzierte. Jährlich haben wir in der Schweiz 970 Kilometer neu befahrbare Wege erstellt und damit die Landschaft in immer kleinere Flächen zerschnitten. Kurz und gut: alle Veränderungen zusammengenommen, sind wir jedes Jahr 10 000 Hektaren Natur verlustig gegangen, das ist soviel wie die Fläche des Zürichsees – Jahr für Jahr. Von einem Ende dieses Trends ist bis heute nichts zu spüren.

Nicht besser ist es unseren herkömmlichen Siedlungen ergangen. Solange die ländlich-bäuerliche Kultur einerseits und die städtisch-handwerkliche anderseits vorherrschten, vollzog sich der Wandel in Dörfern und Städten gemächlich. Denn gebaut wurde innerhalb der Grenzen und Möglichkeiten, welche die Verkehrslage, die örtlichen Rohstoffvorkommen und die technischen Hilfsmittel boten. Das änderte sich im 19. und 20. Jahrhundert radikal. Die Anpassung der mittelalterlichen Siedlungsstrukturen an das aufziehende technische Zeitalter, der gewaltige Investitions- und Baudruck, neue Baustoffe wie Metall, Glas, Beton und Plastik, welche die traditionellen Materialien Erde, Stein und Holz teilweise ersetzten, aber auch neue bauliche Bedürfnisse und Ausdrucksformen liessen die überlieferten Siedlungsstrukturen aus den Fugen geraten. Ein auf die Spitze getriebener Individualismus bei Architekten und Bauherren, von Maschinen hergestellte und normierte Fertigelemente, daneben der kostenbedingte Drang zu rationellen Arbeitsabläufen – das alles sorgte zusätzlich dafür, dass nun auch die gestalterischen Aspekte beim Bauen zugunsten einseitiger Nutzungs- und Rendite-Erwägungen und einem geradezu verschwenderischen Umgang mit dem Boden vernachlässigt wurden. Daraus konnte nichts anderes als ein eintöniger und hässlicher Siedlungswirrwarr entstehen.

Gesetze als Hilfsmittel

Nun wäre es freilich falsch zu behaupten, dem sei überhaupt nicht entgegengewirkt worden. Bestrebungen zum Schutz und zur Pflege der Baukultur lassen sich bis in die griechische und römische Antike zurückverfolgen. Sie wurden später durch die päpstliche Gesetzgebung in Italien erweitert und fassten im 18. und 19. Jahrhundert auch in andern Ländern Fuss. In der Schweiz waren im Mittelalter die Städte (etwa Bern, Zofingen, Murten und Solothurn) mit ihren meist sehr einfachen, aber griffigen Bauvorschriften Vorläufer der modernen Ortsbildpflege. 1898 entstand im Waadtland das erste Denkmalschutzgesetz. Diesem Beispiel folgten dann immer mehr Kantone, bis in den sechziger Jahren unseres Jahrhunderts die Grundlagen für eine umfassende Natur- und Heimatschutzgesetzgebung geschaffen wurden. Mit dem ebenfalls in unserer Zeit eingeführten Instrument der Raumplanung wird das Bauland vom landwirtschaftlich genutzten Gebiet sowie von Erholungs- und Schutzzonen getrennt. Es trachtet danach, dass inskünftig mit dem Boden haushälterischer umgegangen wird, neuerdings vermehrt durch bauliche Verdichtung und die Umnutzung bereits bebauter Gebiete – zum Beispiel von brachliegenden Industrieanlagen. In den Baugesetzen der Kantone und Gemeinden finden sich sodann zahlreiche Vorschriften feuerpolizeilicher Natur sowie zu Einzelheiten der Baugestaltung – von den Nutzungsziffern über die Dachneigung bis zur Fassadenfarbe. Und das Umweltschutzgesetz mit seinen Verordnungen macht Bauherren und Hauseigentümern Auflagen in energie-, abgas- und lärmschutztechnischer Hinsicht.

Ein kulturpolitischer Auftrag

Es entspringt jedoch alter Erfahrung, dass Gesetze allein nicht genügen, besonders in einer Welt, in der immer noch der Satz: «Wer zahlt, befiehlt», sowie Nützlichkeits- und Wirtschaftlichkeitsdenken gestalterische und ästhetische Aspekte verdrängen. Zu oft wird nämlich verkannt, dass Bauen weitgehend eine kulturelle und politische Aufgabe darstellt. Dies gilt besonders für den Umgang mit dem geschichtlichen Baugut – aber auch für Neubauten, die sich immer in ein bestimmtes Umfeld, ins bereits Vorhandene einordnen müssen und nicht umgekehrt. Wo das Kulturbewusstsein fehlt oder es am Willen mangelt, einen kulturpolitischen Auftrag durchzusetzen, taugen Paragraphen wenig. Aber, um nicht missverstanden zu werden: Es kann bei Altliegenschaften und gewachsenen Dörfern und Städten niemals darum gehen, sie dem Lebendigen zu entziehen, sie gleichsam unter eine Glasglocke zu stellen und so zu verunmöglichen, dass sie verändert und neuen Gegebenheiten angepasst werden können. Ebenso unerwünscht sind jene Scheinwelten, wo perfekt nachgeahmte «alte» Fassaden vor modernster Hightech-Architektur Geschichte vortäuschen oder neue Siedlungen in nostalgischem Heimatstil die heile «Landi-Idylle» von 1939 heraufbeschwören. Nein, es handelt sich darum, die natürliche Anpassungsfähigkeit des Überlieferten so auszunutzen, dass es den Bedürfnissen der Zeit und ihrer Menschen immer wieder gerecht wird, ohne seinen Grundcharakter und seine Individualität zu verlieren. Daneben gilt es aber auch, sich intensiv mit der Gegenwartsarchitektur auseinanderzusetzen, ihre Qualität zu fördern und dafür zu sorgen, dass Bauen nicht zerstörerisch wirkt, sondern wieder kulturschöpfend wird und zugleich das Ökosystem schont. Dazu aufgefordert sind nicht nur die Bauherren und Architekten, sondern ebenso die Behörden und alle an planerischen und baulichen Entscheidungen beteiligten Bürgerinnen und Bürger.

Vorbilder und Wegweiser

Den Boden dafür geebnet haben die seit Beginn unseres Jahrhunderts entstandenen ideellen Organisationen wie der Schweizer Heimatschutz und andere Vereinigungen und Gruppierungen auf kantonaler, regionaler und lokaler Stufe, die sich dagegen wehrten, natürliche und kulturelle Werte blindlings einem einseitigen Fortschrittswahn zu opfern. Wegweiser aber waren und sind insbesondere alle Gemeinden, die sich aus eigenem Willen um ihr architektonisches Erbe verdient gemacht, ihr Land haushälterisch genutzt, das zeitgenössische Schaffen in geordnete Bahnen gelenkt und ihre Lebenskraft erhalten haben. Es sind jene Städte und Dörfer, die man gottlob noch in allen Landesteilen findet, deren Behörden und Einwohner sich nicht erst um ihre Wurzeln zu kümmern begannen, als das letzte historische Haus in ihren Gemarchungen fallen sollte und als Reliquie feierlich dem Freilichtmuseum Ballenberg vermacht wurde.
Die Rede ist von Gemeinden, welche die aufziehenden Gefahren früh herannahen sahen und ihre Verantwortung rechtzeitig wahrgenommen haben: mit weitsichtigen Planungen, geschickten Bauordnungen, einer massvollen Boden- und Ortsbildpolitik. Gemeinden, die ihre baukulturelle Substanz nicht als Stiefmütterchen behandeln wollten, sondern ihr die gleiche Aufmerksamkeit zu schenken gewillt waren wie den «Zukunftsperspektiven». Es handelt sich aber auch um Ortschaften, für die Heimatschutz nicht einfach «schöne Landschaften und Ortsbilder erhalten» bedeutet. Sie wollen keine toten Museen und nostalgischen Refugien sein, sondern Gemeinwesen mit gesunden sozialen Strukturen, mit Menschen, die zu ihrem Wohnort eine innere Beziehung haben, sich hier wohlfühlen, sich für ihn einsetzen und hier auch wirtschaftlich überleben können. Gemeinden, die sich bemühen, Altes und Neues zu einem verträglichen Ganzen zusammenzufügen, auch wenn das nicht immer überzeugend gelingt und sich in den Gemarchungen der «Musterschüler» ebenfalls Kleckse finden. Gemeinden schliesslich, die es im Sinne des Schweizer Heimatschutzes verstehen, «den geschichtlich gewachsenen Lebensraum zu schützen, zu pflegen und unter Wahrung der Würde des Menschen sowie der Natur- und Kulturgüter harmonisch weiterzuentwickeln», und die deshalb den Wakker-Preis verdient haben. Denn der Schutz, die Erhaltung, Pflege und Gestaltung unserer gebauten Umwelt ist eine Aufgabe aller, des Gemeinwesens und der einzelnen Bürgerinnen und Bürger. Und nur, wenn wir sie gemeinsam wahrnehmen, haben die Schönheiten unserer Heimat eine Zukunft.

1972:
Stein am Rhein SH

Das Städtchen als Dauerauftrag

«Wir Einwohner von Stein am Rhein sehen unser Städtchen nicht nur aus der Bilderbuchperspektive und Foto-Optik der Besucher. Aber auch wir freuen uns über das anmutige Stadtbild. Die einmalige Atmosphäre des Rathausplatzes, dieses harmonischen Gefüges verschiedener Baustile, nicht gesamthaft geplant, sondern über Jahrhunderte hinweg aus Bürgerstolz gestaltet und mit viel Bürgersinn erhalten, wirkt auch auf uns... Wir wollen dieses Erbe bewahren, weil uns dessen Wert bewusst ist, aber ohne daraus ein Museum zu machen.» Mit solchen Worten empfangen heute die Behörden von «Staan» (= Stein am Rhein) die Neuzuzüger der ersten Wakker-Preis-Trägerin von 1972. Sie stellen damit gleich klar, worum es ihnen im vielbewunderten Kalenderbild-Städtchen zwischen dem Hohenklingen und dem Bodenseerücken geht und worum nicht. Sie tun es mit Bedacht, denn einem Sonntagsgast mag dieser farbenfrohe Häusergarten mit seinen grünen Ufern zuerst tatsächlich wie ein Märchenreich erscheinen, in dem irgendwann die Uhren abgestellt wurden. Oder etwa doch nicht?

Unter Zürichs Fuchtel

Obwohl der Mensch schon in der Jungsteinzeit am Ausfluss des Rheins aus dem Untersee heimisch war und auf der Insel Werd auch Überreste der Bronzezeit gefunden wurden, obwohl die Helvetier um etwa 300 Jahre v.Chr. ins Gebiet eingewandert waren und die Römer hier um das Jahr 20 ihre erste Brücke über den Rhein gebaut hatten, begann die wechselvolle Geschichte des Städtchens selbst erst viel später. Zwischen 1004 und 1007 nämlich verlegte der deutsche Kaiser Heinrich II. das Benediktinerkloster St.Georgen von Hohentwiel nach Stein am Rhein. Die gute Verkehrslage und die bereits angesiedelten Bauern und Fischer schienen ihm günstige Voraussetzungen zu bieten, um hier einen Marktflecken zu schaffen. Dem Abt und Grundherrn verlieh er das Markt- und Münzrecht, wodurch sich der Ort rasch zum Marktstädtchen und Warenumschlagplatz der Rheinschiffahrt mauserte. Der wirtschaftliche Aufschwung brachte den Vögten der Herrschaft Stein – bis 1218 die Zähringer, dann bis 1457 die Herren von Hohenklingen – und der Stadt erkleckliche Zolleinnahmen und verschaffte ihnen enge Beziehungen vom Bodenseeraum bis nach Frankreich und Italien.
Mit dem steigenden Wohlstand der Bürgerschaft erstarkte auch deren politisches Bewusstsein. Handwerker, Gewerbler und Kaufleute trachteten deshalb danach, sich von den alten Bindungen an klösterliche und weltliche Herren zu befreien. In Trinkstuben zunftähnlicher Gesellschaften traf man sich, schmiedete Freiheitspläne und versuchte den Lauf der Dinge zu beeinflussen. Dem kamen die ständigen Geldsorgen der Vogteiherren entgegen. 1457 kaufte die Stadt für 25 500 Gulden die Burg Hohenklingen samt allen Herrschaftsrechten, wurde reichsfrei und verbündete sich mit Zürich und Schaffhausen. 27 Jahre später nahm Stein am Rhein die Oberhoheit der Limmatstadt an und kam dadurch zur Eidgenossenschaft.
1525 zwang diese neue Abhängigkeit der Rheinstadt die Reformation auf, wobei das Kloster aufgehoben wurde. Im 17. Jahrhundert wütete hier zweimal die Pest und raffte 1500 Menschen hinweg. 1784 gipfelte die Söldnerwerbung in einem offenen Streit mit Zürich, das darauf den widerspenstigen Untertanen am Rhein mit einem Truppeneinsatz erniedrigend zähmte. Nach einer politisch chaotischen Zeit wurde Stein schliesslich 1803 dem Kanton Schaffhausen einverleibt. Sechzig Jahre danach gingen bei einem Grossbrand fünfzig Firste in Flammen auf, und kurz vor Ende des Zweiten Weltkrieges wurde das Städtchen irrtümlicherweise von einem amerikanischen Flugzeug bombardiert.

Träume und Wirklichkeit

Steins Werdegang zum modernen Gemeinwesen erfolgte nach der Mediationszeit in bedächtigem Schritt, und er war in den Anfängen begleitet von wirtschaftlich mageren Jahren. Der Warenumschlag schrumpfte zusammen, Märkte fanden nur noch zweimal im Jahr statt, die Zolleinnahmen versiegten, viele verloren ihre Verdienstquellen, und die neue Handels- und Gewerbefreiheit wussten die Bürger lange nicht auszunutzen. Dementsprechend schleppend ging es auch mit der Industrialisierung voran. Eine Fourniersägerei auf der Insel Werd wurde nach dreissig Jahren 1879 durch Feuer zerstört. In den Räumen des Klosters St. Georgen wurde erfolglos versucht, eine Seidenbandweberei einzurichten. Eine Uhrenfabrik ging nach fünf Jahren wieder ein. Das gleiche Schicksal erlitt die 1888 gegründete Schuhfabrik Henke & Co. AG, die einige hundert Arbeiter entlassen musste. Mehr Glück hatten ein Teigwarenhersteller, die einzige Massstabfabrik der Schweiz, eine Stuhl- und Tischfabrik, ein Metallwarenbetrieb und ein Produzent von optischen Gläsern. In der jüngeren Vergangenheit haben sich zudem am linken Rheinufer einige neue Kleinindustrien angesiedelt. Auch findet sich heute in der etwa 2500 Einwohner zählenden Gemeinde ein vielseitiges Gewerbe, und an der Südhalde des Hohenklingen widmen sich einige Landwirte sowie andere Steiner nebenberuflich dem Weinbau, unter anderem in gemeindeeigenen Rebbergen. Die «Staaner» sind stolz auf ihren Tropfen, der vorab im einheimischen Gastgewerbe ausgeschenkt wird.

Eine wichtige Rolle für die einheimische Wirtschaft spielt der Tourismus. Ausflügler von nah und fern pilgern jedes Wochenende hierher, um sich von der unverwechselbaren Atmosphäre des alten Städtchens vereinnahmen zu lassen. Und Tausende von Rheinfahrern, die jährlich zwischen Schaffhausen und dem Untersee die naturnahe Flusslandschaft vom Schiff aus geniessen wollen, schalten in Stein einen Zwischenhalt ein und schlendern durch die heimeligen Gässchen oder suchen die originellen historischen Gaststätten auf. Die Hoffnungen aber, aus dem mittelalterlichen Flecken gar ein Kongress-Zentrum zu machen, haben sich bis heute nicht erfüllt. Immerhin wurde anfangs der achtziger Jahre auf dem Areal der ehemaligen Schuhfabrik ein grösseres neues Hotel errichtet, dessen Geburt mit etwelchen städtebaulichen und ortsbildpflegerischen Wehen verbunden war.

Von seltener Vollständigkeit

Dies erstaunt nicht angesichts der empfindlichen Stadtanlage, die ihren ersten Grundriss zu Beginn des 11. Jahrhunderts durch Herzog Berchtold II. von Zähringen erhielt, nach dem Stadtbrand von 1347 rheinseitig neu aufgebaut wurde und sich dann westwärts ausdehnte. Von der ursprünglichen Befestigung und der im 17. Jahrhundert erstellten Schanzenanlage haben nur Bruchstücke überdauert. Hingegen stehen noch zwei Türme – der Kretzen- und der Hexenturm – sowie das staffelgiebelige Untertor und das Obertor. Den rechts- und linksufrigen Stadtteil verbindet eine 1859 erstellte und 1974 durch einen Betonbau ersetzte Brücke. Die städtebauliche Lage mit Brückenkopf, Kloster und Kirche, Burg, Rathaus und Dreiecksmarkt bietet noch heute ein Bild von seltener Vollständigkeit. Die malerische Vielfalt von Häusern der Spätgotik und des Frühbarocks mit ihrem originellen Wechselspiel von Fenstern, Erkern, Giebeln, Fresken, Lampen und Schildern entzückt jeden, der diese kleine Welt erstmals betritt.

Von der «Burg» am linken Ufer, wo sich inmitten des Römerkastells Tasgetium die gotische St. Johannskirche als älteste Kirche des Kantons erhebt, kommen wir an den Riegelhäusern «zum Rheinblick» und «zum Schwanen» vorbei auf die Rheinbrücke. Flussaufwärts reicht der Blick über die Insel Werd, wo der erste St. Galler Abt Othmar 759 in der Verbannung starb und eine Wallfahrtskapelle an ihn erinnert. Gehen wir stadtwärts, liegt rechts das ehemalige Benediktinerkloster St. Georgen, links das Hotel Rheinfels, das frühere Gredhaus, wo die Ledischiffe vom Bodensee anlegten und ihre Ladungen für den Weitertransport gelöscht wurden. Das verzweigte Kloster mit gotischer Aus-

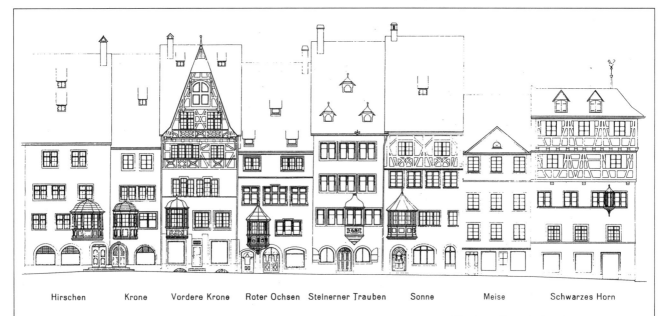

(Quelle: «Kunstdenkmäler der Schweiz»)

Unsere Bürgerhäuser

Obwohl die Schweizer Kulturlandschaft vor allem vom Bauernhaus dominiert wird, ist unser Land auch reich an Bürgerhäusern. Das mittelalterliche bürgerliche Wohnhaus, wie wir es in Kleinstädten wie Stein am Rhein (etwa bei der «Vorderen Krone») antreffen, hat sich meist aus dem Bauernhaus entwickelt. Gegen die Strasse oder Gasse hin lag die Werkstatt des Handwerkers, dahinter befanden sich die Lagerräume, und darüber war auf mehreren Geschossen der Wohnteil untergebracht.

Ursprünglich waren die Bürgerhäuser aus Holz auf einem Steinsockel gebaut. Nach und nach wurden sie aus feuerpolizeilichen und Prestige-Gründen durch Steinbauten ersetzt. Hauseigentümer, die sich das nicht leisten konnten, verputzten einfach ihre Holz- und Fachwerkhäuser, um ihren Gebäuden einen vornehmeren Anstrich zu verleihen. Mit dem Steinhaus – das älteste war bei uns das gotische – wurden die Fassaden (Fenster, Türen, Gesimse) freier und reichhaltiger gestaltet. Die von Italien ausgehende Renaissance des 16. Jahrhunderts beeinflusste dann auch bei uns den Stil, vorab von repräsentativen Wohnbauten. Noch mehr gilt dies vom folgenden Barock (Fassadenmalereien) und Klassizismus, wo man anfing, das einzelne Bürgerhaus aus der Enge der städtischen Reihenordnung herauszulösen und es in grosszügig konzipierte Gärten und Plätze zu stellen. Zudem wurde das Hausinnere oft mit Täfer, Kassettendecken, Stukkaturen, Kachelöfen und kunstvollen Möbeln ausgestattet.

Ausser den einfachen und vornehmeren Wohnbauten sind aber auch viele gewerbliche Betriebe (Mühlen, Gasthäuser) sowie Rat-, Zunft-, Korn-, Zoll- und Landhäuser zur Gattung der Bürgerhäuser zu zählen. Durch ihre schmucke Individualität tragen sie alle wesentlich zur baulichen Vielfalt unseres Landes bei.

stattung und hervorragenden Renaissancemalereien stammt aus dem 11. Jahrhundert und wird heute nach einer langen Leidensgeschichte als Heimatmuseum benützt. Nördlich des Kreuzgangs schliesst sich die Klosterkirche (heute protestantische Stadtkirche) an. Sie wurde zwischen 1060 und 1080 als romanische Säulenbasilika konzipiert und ist nach unglücklichen Umbauten 1932 renoviert worden.

Welch farbenfrohes Fest!

Setzen wir unseren Weg in westlicher Richtung fort, kommen wir auf den Rathausplatz, wo übrigens regelmässig das Freilichtspiel «No e Wili» aufgeführt wird – zum Andenken an einen Handstreich der Hegauer im 15. Jahrhundert, der jedoch durch einen geistesgegenwärtigen Steiner Bäckermeister vereitelt werden konnte. Mit seinen hübschen Fachwerkhäusern, seinen Erkern und oft sinnreichen Fassadenmalereien vermittelt der Platz einen unvergleichlichen Eindruck spätgotischer und barocker Strassenzüge. Schauen wir uns ein paar Beispiele an: Da ist das Rathaus von 1539, dessen Erdgeschoss einst als Markthalle diente und in dem heute die Stadtverwaltung untergebracht ist; im obersten Stockwerk findet sich die Gemeinde- und Ratsstube mit kostbaren Wappenscheiben des 16. Jahrhunderts sowie eine historische Sammlung. Die Hauptfront des Gebäudes zeigt die von der Schlacht bei Murten zurückkehrenden Steiner Krieger, ferner die Mordnacht von Stein und den predigenden Reformator Zwingli. Die südliche Häuserzeile der Hauptstrasse wird bestimmt von der imposanten «Vorderen Krone» (1613), vom «Roten Ochsen» (1446) mit seinen biblischen Szenen, von der «Sonne» (1659) und der «Meise»

> Irrtümlicherweise wurden das Steiner Untertor und die umliegenden Häuser 1945 von den Amerikanern bombardiert, dann aber stilgerecht wieder aufgebaut. Heute bilden sie mit den davorliegenden Gärten einen hübschen Grüngürtel längs der Mauern der Unterstadt.

(1662). Dieser vorgelagert ist der schmucke Stadtbrunnen aus dem 16. Jahrhundert.

Während sich im Norden der umgebaute «Steinadler» und der «Adler» – letzterer mit Fresken über das Schöne und Gute von Alois Carigiet – erheben, dominiert der «Weisse Adler» den östlichen Teil der Hauptstrasse. Von ihm prangen die bedeutendsten Fassadengemälde des Städtchens. Sie wurden 1520–1525 vermutlich von Thomas Schmid geschaffen und sind den Gegensätzen von echter und falscher Liebe sowie dem Unrecht und der Gerechtigkeit gewidmet. Von der westlichen Hauptstrasse seien die gotische «Brotlaube», der «Vordere Sternen» und der «Lindwurm» (1543) hervorgehoben. Aber auch die Unterstadt und die Quergassen bergen manche Kostbarkeiten, die den Spaziergänger bald heiter, bald nachdenklich stimmen. Zieht er weiter durch den Stadtgarten nach Norden, vorbei an alten Rebhäusern und an der Mühle im Oberdörfli (1296), erreicht er über Rebhänge und durch Wälder die Burg Hohenklingen aus dem 11.–14. Jahrhundert, die heute eines der beliebtesten Ausflugsziele in der Ostschweiz ist.

Vorbilder mit Signalwirkung

Dass dieses ganze Erbe in Stein am Rhein erhalten ist, verdanken wir in erster Linie der privaten Initiative. Als nämlich das Städtchen im 17. und 18. Jahrhundert wirtschaftlich dahinsiechte, mussten viele Liegenschaftenbesitzer den Unterhalt ihrer Häuser vernachlässigen, so dass selbst wichtige Gebäulichkeiten allmählich zerfielen. Es bedurfte des Alarmrufes prominenter Fachleute, um die Steiner aus ihrer Apathie wachzurütteln und ihnen klarzumachen, was dadurch für sie auf dem Spiel stand. Einer von ihnen war der Lausanner Kunsthistoriker de Saussure, der 1884 mit einigen Gesinnungsfreunden ein Konsortium bildete, das akut gefährdete Gasthaus «Weisser Adler» erwarb und es instand stellte. Schon 1875 hatte Pfarrer Ferdinand Vetter die stark vernachlässigten Gebäulichkeiten von St. Georgen gekauft, und sein Sohn vollendete die Rettungsaktion. Diese Taten wirkten wie ein Signal, denn nun begannen Hauseigentümer und Behörden, sich ihrer Schätze zu besinnen und sich aktiv um ihre zerfallende Altstadt zu kümmern. Die Stadt baute das Rathaus um, und die Bürger schickten sich an, ihre Häuser zu restaurieren oder die Fassaden neu zu bemalen. Diese Begeisterung ist bis heute nicht erlahmt, ebenso der Wille, möglichst selber zuzupacken und nicht erst auf obrigkeitliche Winke aus Bern oder Schaffhausen zu warten. Dafür zeugt etwa die Altstadtstiftung. 1966 wegen ungenügender öffentlicher Gelder auf private Initiative hin entstanden, stellt sie Mittel «zum Schutze, zur Erhaltung und zur fachmännischen Erneuerung des historischen Bildes der Altstadt» bereit. Ihren Unterstützungsfonds speist sie durch Sammlungen bei Privaten, und sie hilft insbesondere bedürftigeren Liegenschaftenbesitzern.

Grundlage der behördlichen Schutzpolitik bildet bis heute die aus dem Jahr 1955 stammende Bauordnung, ein Musterbeispiel an Kürze, Einfachheit, Klarheit und Wirksamkeit, die jedoch gegenwärtig überarbeitet wird. Zwar trägt auch hier die weitere Umgebung der Kernsiedlung deutlich die Spuren der Neubautätigkeit der letzten Jahrzehnte. Dafür hat die Gemeinde das ganze Ufergebiet freigehalten, entsprechenden Zonen zugewiesen und der Öffentlichkeit zugänglich gemacht. Und rund um die Altstadt besteht ein breiter Trenngürtel, hervorgegangen aus dem einst aufgeschütteten Graben. Hier wurden Vorgärten für die angrenzenden Altliegenschaften angelegt, welche für einen nicht nur optisch sanften Übergang zwischen Mittelalter und Gegenwart sorgen. Seit dem Frühjahr 1992 durch eine Umfahrung gelöst ist endlich auch das jahrzehntelange Problem des Durchgangsverkehrs, der sich täglich durch einen Teil des Städtchens gewälzt und der ehrwürdigen Bausubstanz alles andere als gut getan hatte.

Gesamtansicht des Städtchens Stein am Rhein von Norden: Rechts vorne das Untertor mit der sich anschliessenden Stadtmauer; rechts hinten am Südufer des Rheins die Vorstadt Vorderbrugg und in der linken Bildmitte die auf das 11. Jahrhundert zurückgehende Stadtkirche mit dem ehemaligen Benediktinerkloster St. Georg.

Oben: Weit über die Landesgrenzen hinaus bekannt gemacht haben Stein nicht zuletzt die farbenfrohen allegorischen Malereien, welche besonders die Bürgerhäuser der südlichen Altstadtfront schmücken. Auf dem Bild von links nach rechts: der «Rote Ochsen», die «Steinerner Trauben» und die «Sonne», die «Meise» und das «Schwarze Horn». Mit Ausnahme der Malereien am «Roten Ochsen» (17. Jahrhundert) sind allerdings die meisten erst anfangs unseres Jahrhunderts entstanden.

Unten: Rathausplatz mit Marktbrunnen: Das Rathaus von 1539 (im Hintergrund) diente einst im Erdgeschoss als Markthalle. Nun sind darin die Stadtverwaltung sowie eine historische Sammlung untergebracht. Die Hauptfront zeigt Fresken von Karl Häberlin mit Szenen aus der Steiner Geschichte. Auf dem Platz wird auch periodisch das Freilichtspiel «No e Wili» aufgeführt.

1973:
Saint-Prex VD

Mauern, die Geschichte erzählen

Man muss es an einem schönen Frühlingstag selber erlebt haben: das Städtchen Saint-Prex mit seinem wahrhaft welschen Charme. Dafür sorgt vorab seine Lage am Nordufer des Genfersees und vor der grossartigen Kulisse der savoyardischen Alpen. Dafür sorgen auch die romantischen Strassen und Gässchen und die Plätze mit ihren gepflegten Brunnen. Vor allem aber besticht die Einheit von Architektur und Freiräumen, auf die die Leute hier stolz sind und der sie sich verpflichtet fühlen. Denn die auf einer dreieckigen Landzunge gelegene Anlage, deren Wehrbauten und Wassergräben leider grösstenteils verschwunden sind, ist bis heute das Herz der Gemeinde und ihrer Bewohner geblieben.

Herausgeputzte Vergangenheit

Wer die pittoreske Siedlung am Léman betritt, kommt an ihrem Nordende zuerst durch das Tor des einzigen in der Waadt noch erhaltenen Stadtturmes mit Pecherker, einer Uhr und Laterne von 1725. «Celui qui veille voit venir l'heure de son départ» und «Laissons dire et faisons bien» mahnen ihn die Sprüche unter dem Zifferblatt. Vor ihm liegt die Grand'Rue, die verkehrsarme Hauptstrasse des Städtchens; sie mündet im Süden in eine hübsche Hafenallee. Ältester Bau aber ist die Pfarrkirche, dem Ort auf einem Hügel vorgelagert. Ihre Ursprünge scheinen bis ins 4. Jahrhundert zurückzureichen, und die damit verbundenen archäologischen Ausgrabungen gehören zu den bedeutendsten der jüngeren Vergangenheit in der Schweiz. Das Gotteshaus mit Chorgestühl von 1704 und Glasmalereien von Louis Tornier (1912) ist mehrmals erweitert worden, letztmals 1976–1979. Aus den Anfängen des Städtchens stammt auch das Schloss, das vom Vertreter des Domkapitels von Lausanne bewohnt, während der Berner Herrschaft als Salzlager benützt, dann abgerissen und wieder aufgebaut wurde. Vom «Original» ist nur ein quadratischer Bergfried erhalten geblieben.
Ein markantes Walmdach bedeckt das «Manoir», ein spätmittelalterliches Gebäude mit Turm am Hafen. Es gehört seit Generationen den Forels. Deren bekanntester Vertreter, der Psychiater Dr. Oscar Forel, hat darin eine Dauerausstellung über die Farbenharmonie eingerichtet, die Besucher aus aller Welt anzieht und die dazu anregt, die Schönheiten der Natur bewusster aufzunehmen. In dem Haus veranstaltete der prominente Arzt aber ebenso Privatkonzerte und bot insbesondere jungen Pianisten Unterkunft und Übungsräume. Sein Ruf als Mäzen lockte weitere Künstler und Intellektuelle nach Saint-Prex, die ihrerseits viel zum Mythos des mittelalterlichen Fleckens beigetragen haben. Denn er und andere Mitstreiter setzten sich auch an vorderster Front für das Ortsbild von Saint-Prex ein, und zwar zu einer Zeit, als man noch wenig von Heimatschutz und Denkmalpflege sprach. Auf ihre Initiative hin wurden Häuser renoviert, störende Reklametafeln und Freileitungen entfernt, hässliche Beleuchtungskörper durch schmiedeiserne Lampen ersetzt, mit der Zeit vielleicht aber da und dort auch des Guten zuviel herausgeputzt...

Vor sich hinträumend

Hauptsubstanz des Städtchens bilden die im 18. und 19. Jahrhundert entstandenen Bürgerhäuser, bei denen es sich vorwiegend um einfache Reihenbauten handelt. Die stattlichsten – darunter etwa die «Maison de la Pointe» – gehörten einst vermögenden Familien von Morges und Genf, die sie als Landhäuser benützten, jedes Jahr aber nur während einiger Monate bewohnten. Heute sind sie zu Dreivierteln im Besitz alteingesessener Einheimischer, die ganzjährig hier leben. Die meisten Häuser sind gut unterhalten und in den letzten Jahren erneuert worden. Hier ranken Pflanzen an den Fassaden empor, dort hängen schmucke Schilder oder Laternen, bilden elegante Spitzbogentore Hof- und Hauseingänge, plätschern Brunnen, spielen Kinder auf der Strasse, döst ein Hund vor der Haustür. Und in den Blütenduft der Bäume und Sträucher mischt sich nach Fisch riechende Seeluft. Weil Saint-Prex – Gott sei Dank! – vom Massentourismus verschont geblieben ist, träumt das Städtchen wie eh und je vor sich hin. Das «Hôtel du Bourg», eine Bäckerei, eine Apotheke, ein Antiquitätenhändler... Und doch: ein Museum ist das Städtchen nicht, vielmehr ein lebensfroher Ort, aber mit dem Pulsschlag und dem Gesicht von gestern.

Der zurzeit rechtskräftige Zonenplan stammt von 1985. Er zeichnet sich unter anderem dadurch aus, dass er das alte Städtchen vollständig schützt und die ganze Uferlinie im Gemeindebann freihält. Das Baureglement ist für den historischen Teil darauf ausgerichtet, die alte Bausubstanz zu erhalten, höhere Ausnützungen zu unterbinden, nur umgebungskonforme Materialien und Bauten zuzulassen, und es legt ferner ein besonderes Augenmerk auf die Fassaden- und Dachgestaltung. So sind zum Beispiel polierte Baustoffe verboten, müssen Farbe und Verputz auf die Nachbarhäuser abgestimmt sein und sind nur einheimische Flachziegel zugelassen. Zudem werden vor jeder Eingabe für einen Um-, Ergänzungs- oder Neubau in der Altstadt Fassaden- und Dachdarstellungen im Massstab von mindestens 1:100 verlangt. Zur Beurteilung solcher Vorhaben steht dem Gemeinderat ein Konsultativorgan zur Seite. Wie sehr den Hauseigentümern in Saint-Prex an der Pflege ihrer alten Liegenschaften liegt, lässt sich etwa daraus ableiten, dass die Gemeinde bis heute noch keine Subventionen an sie auszurichten hatte und die Renovationen grösstenteils von den Besitzern selbst berappt wurden. – Wie aber ist es überhaupt zu diesem malerischen Winkel gekommen?

Schlau und selbstbewusst

Zunächst waren es die Ligurer, dann die Kelten, die sich an den hiesigen Genferseeufern niedergelassen hatten. Allmählich verlegten die Menschen ihre Siedlungen landeinwärts, und nach der Niederlage der Helvetier gegen die Römer bei Bibracte übernahmen sie nicht nur die Bauweise der römischen Herren, sondern auch deren Wohnkultur. Vor allem aber verehrten sie mit diesen Bacchus, den Weingott, der dafür seine Lieblinge mit seinem «bon petit rouge», dem Salvagnin, belohnte. Bis heute... Im 6. Jahrhundert soll es hier neben einem heidnischen Tempel eine christliche Kapelle, 300 Jahre später eine Kirche und beim heutigen Bahnhof eine kleine Siedlung gegeben haben: Basuges. Doch die verbriefte Geschichte von Saint-Prex begann später, als das Domkapitel von Lausanne sich anschickte, auf der Halbinsel Fuss zu fassen und damit den Annexionsgelüsten der Noblen von Aubonne und Vufflens die Stirn zu bieten. Die Lausanner Stiftsherren vermochten sich schon deshalb durchzusetzen, weil die Bauern von Saint-Prex in diesem Handel das Heu auf der gleichen Bühne hatten wie sie und alles daran setzten, um nicht den nachbarlichen Herrschaften unterworfen zu werden. Freilich bewegten sie noch andere Gründe zu ihrer Haltung. Der steigende Handelsverkehr in ganz Europa veranlasste nämlich damals kirchliche und weltliche Fürsten, neue fiskalische Quellen in Form von Strassenzöllen und Raststätten zu erschliessen. Auch der Herr von Aubonne versuchte, die Kaufleute anzuziehen und ihnen Schutz zu bieten, zumal man seinerzeit zwischen Lausanne und Nyon nur in Aubonne und Saint-Prex einkehren konnte. Dessen waren sich natürlich auch die Leute von Saint-Prex bewusst. Ja, sie fanden, dass ihr Ort als Absteige sogar wesentlich geeigneter sei, verfügte er doch am See über einen Hafen.

1234 entschied deshalb Bischof Bonifazius, Sohn einer Brüsseler Kaufmannsfamilie, auf dem vorkragenden Landstrich eine neue Stadt zu gründen. Die wahrscheinlich vom Architekten der Lausanner Kathedrale, Jean Cotereel, entworfene Stadtanlage wurde durch einen Wassergraben vom Festland getrennt. Die seeseitigen Flanken schirmte man mit Pfählen ab. Zügig ging das Bauwerk allerdings nicht voran. Immer wieder wurden die Arbeiten durch die eifersüchtig gewordenen Nachbarn gestört. Ausserdem galt es die neue Siedlung zu bevölkern. Denn lange nicht jeder in der näheren und weiteren Umgebung war willens, von seinem trauten Weiler wegzuziehen und sich hinter den

Festungswällen am See zu verschanzen. Allen aber, die dazu bereit waren und von ihren Herren die entsprechende Erlaubnis erhielten, wurde das nötige Land zur Verfügung gestellt: Grundstücke von 3 auf 16 Meter. Die Schmalseite der Parzellen war der Strasse zugewandt, und vor ihr wurde ein kleiner Garten angelegt. Diese ersten Häuser im frühen Saint-Prex bestanden aus einem Erdgeschoss mit Küche und Speisekammer und einem bis zwei oberen Stockwerken, die meistens in zwei Räume aufgeteilt waren. Dennoch: Für Verschwendung war kein Platz, man war gezwungen, eng zusammenzurücken.

So entstand das neue Städtchen, das seinen freien Bewohnern Schutz bot und das während zwei Generationen aufblühte. Dann erhielt es Konkurrenz durch die von Louis von Savoyen an der Morges errichtete Festung. Doch die Leute von Saint-Prex und das Kapitel liessen sich nicht unterkriegen, sondern schickten sich ihrerseits an, die ersten primitiven Wehranlagen aus Holz durch Steinbauten zu ersetzen, so dass später hinter ihren Mauern immer wieder gefährdete Zeitgenossen aus nah und fern Schutz fanden. Zu Beginn des 16. Jahrhunderts erreichte das kleine Städtchen an den Ufern des Léman wirtschaftlich einen Höhepunkt. Die dürftigen Häuschen von einst waren verschwunden, und an ihrer Stelle standen jetzt stattlichere Gebäude – darunter vornehme Turmhäuser von Edelleuten. Die Domherren kredenzten im Schloss ihre Weine, am Hafen und auf dem Markt herrschte reger Betrieb, Adel und Bürgertum kamen sich näher, es gab Arbeit und für die Jugend eine Zukunft. Das sollte sich jäh ändern, als im Jahr 1536

Eine Fundgrube für Archäologen

Dass kein Bauwerk Ewigkeitswert besitzt, sondern immer seine Zeit widerspiegelt und daher einem steten Wandel und einer mehr oder weniger organischen Anpassung unterworfen ist, lässt sich an der Kirche von Saint-Prex gut nachvollziehen.

Während ihrer vorletzten Restauration zwischen 1910 und 1913 wurden unter damals beschränkten Möglichkeiten archäologische Ausgrabungen vorgenommen. Obwohl die Fachleute ihre Entdeckungen noch kaum verstanden haben dürften, waren sie sich deren Bedeutung bewusst. Die von 1976 bis 1979 durchgeführten Untersuchungen bestätigten dies vollumfänglich. Denn die Anfänge des kleinen Gotteshauses reichen zurück ins 4. Jahrhundert, als hier ein kleines römisches Mausoleum stand. Im 5./6. Jahrhundert ging daraus die erste christliche Kirche hervor. Nachdem man hier etwa hundert Jahre später den in der Nähe ums Leben gekommenen Bischof von Lausanne bestattete, wurde der Ort für drei Jahrhunderte zu einem eigentlichen Christianisierungszentrum.

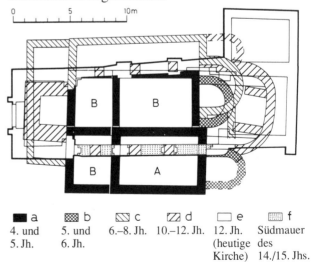

Nicht weniger als sechs (Um-)Bauten folgten dann im Verlaufe von 1000 Jahren. Ihre heutige, stark vom Burgund beeinflusste Form hat die Kirche im 12. Jahrhundert erhalten.

Das Baureglement von Saint-Prex lässt nur umgebungskonforme Materialien zu und legt besonderen Wert auf die Fassaden- und Dachgestaltung. Polierte Baustoffe sind verboten, und Farbe und Verputz müssen auf die Nachbarhäuser abgestimmt sein.

der Berner Feldhauptmann Hans Franz Nägeli im Kampf gegen Savoyen durch die Waadt zog und praktisch das ganze nördliche Genferseegebiet für über 250 Jahre unter die bernische Fuchtel brachte. Neuer Schwung kam erst wieder auf, als die République lémanique 1798 unabhängig wurde, 1803 der Kanton Waadt entstand und in der zweiten Hälfte des 19. Jahrhunderts die Industrialisierung einsetzte.

Aus allen Nähten geplatzt

Das war die Zeit, als die Gemeinde aus dem mittelalterlichen Gemäuer ausbrach und im Norden des historischen Städtchens das moderne Saint-Prex entstand, welches besonders in den letzten Jahrzehnten geradezu explosiv gewachsen ist. Hier finden sich ausgedehnte Fabrikanlagen, neue Wohnquartiere mit Mehrfamilienhäusern und Villen. Und da lebt heute auch der grösste Teil der zwischen 1802 und 1992 von 162 auf 3943 Einwohner angewachsenen Gemeinde mit einer für Waadtländer Verhältnisse ungewöhnlich hohen Anzahl von Katholiken. Dies hängt damit zusammen, dass sich bei der Eröffnung der hier entstehenden Glasindustrie vor achtzig Jahren eine stattliche «Kolonie» von Freiburgern ansiedelte.
Das gesamte Einzugsgebiet der Gemeinde umfasst 516 Hektaren. Davon entfallen 34 Hektaren auf den Wald, 25 Hektaren (1886: 80!) auf das Rebgelände und 200 auf das übrige Landwirtschaftsgebiet. Die in Saint-Prex noch tätigen Landwirte pflegen nicht nur die Reben, sondern ebenso den Ackerbau. Praktisch verschwunden ist die einst verbreitete Berufsfischerei. Hingegen erfreut sich die Gemeinde eines vielfältigen Gewerbes, das seine Werkstätten teils im historischen Kern untergebracht hat, teils in den neueren Quartieren.

Als die Glasbläser kamen

Grösster Arbeitger am Ort ist die Vetropack SA, hervorgegangen aus der 1911 von Henri Cornaz (1869–1948) gegründeten Verrerie de Saint-Prex. Was damals auf den ersten Blick als riskantes Unternehmen anmutete, sollte für den Gründer zu einem lohnenden Geschäft und für die Gemeinde zukunftsweisend werden. Der Gedanke, mitten im Weinbaugebiet am Genfersee eine Glasfabrik zu eröffnen und die dortigen Rohstoffvorkommen zu nutzen, führte rasch zum Erfolg. 1912 kaufte Cornaz die Verrerie de Samsales im freiburgischen Hinterland auf, schloss deren Pforten und übersiedelte das Personal nach Saint-Prex, um hier für seine Anlagen genügend qualifizierte Glasbläser zur Verfügung zu haben. Für seine Mitarbeiter baute der sozialgesinnte und in einer einfachen Bauernfamilie aufgewachsene Fabrikant grosszügige Arbeitersiedlungen. Um der steigenden Nachfrage gerecht zu werden, übernahm Cornaz 1917 die Aktienmehrheit der damals angekränkelten Glashütte Bülach, kaufte später auch diejenige im luzernischen Wauwil und fasste 1968 die Gruppe in der Vetropack Holding SA mit Sitz in Saint-Prex zusammen. 80 Prozent des Rohmaterials für die Flaschenproduktion liefert heute das Altglas, für das die Firma inzwischen mit sämtlichen Gemeinden des Landes Sammelverträge abgeschlossen hat, um es in einem ökologisch pionierhaften Modell wiederzuverwerten.
Nun ist aber die Glasfabrikation nicht in unserer Zeit erfunden worden, sondern beruht auf einer 600jährigen Tradition. Dies der Öffentlichkeit zu zeigen ist Zweck des 1982 in Saint-Prex eröffneten «Musée du Verrier». Darin sind antike Glasgefässe vom 1.–5. Jahrhundert n. Chr. aus dem Mittelmeerraum zu sehen, Kristallvasen und -schalen, die am Léman angefertigt wurden, Karaffen, Flaschen, Konservengläser und Tintenfässer vom 18.–20. Jahrhundert. In einer weiteren Abteilung sind Werkzeuge und Formen ausgestellt, wie sie in der Glashütte von Saint-Prex von den handwerklichen Anfängen bis hin zur automatisierten Produktion der Gegenwart verwendet werden.

Oben links: Wegen der günstigen Lage der Ortschaft am Ufer des Genfersees spielte hier einst die Berufsfischerei eine wichtige Rolle. Heute ist sie jedoch weitgehend verschwunden. Nach wie vor erfreut sich aber gerade der historische Kern der Gemeinde eines vielfältigen Gewerbes.

Oben rechts: Der Stadtturm mit Pecherker am Nordeingang grenzt «Aussenwelt» und Grand'Rue, die Geschäftsstrasse des alten Saint-Prex, gegeneinander ab. «Laissons dire et faisons bien» und «Celui qui veille voit venir l'heure de son départ», mahnen die Sinnsprüche unter der Uhr von 1725 den Besucher beim Kommen und Gehen.

Unten links: Eine fussgängerfreundliche Strandpromenade lädt vor der majestätischen Kulisse des Léman und Mont-Blanc-Massivs zum Verweilen und Träumen ein. Im Hintergrund das Schloss, von dessen ursprünglicher Bausubstanz nur dieser Bergfried übriggeblieben ist.

Unten rechts: Wie eh und je plätschert der schlichte Brunnen an der Gabelung der Grand'Rue und der Rue Forel sein vertrautes Lied, Pflanzen ranken an den Fassaden empor, romantische Laternen hängen an den Hausecken und Blumen schmücken das Strassenbild... Architektur und Freiräume bilden hier eine Einheit.

Von den Hauptachsen bieten sich reizvolle Blicke in die bald aus schlichten Bürgerbauten und bald aus (heute umgenutzten) ehemaligen Bauernhäusern bestehenden Seitengässchen. Die stattlichsten von ihnen gehörten einst vermögenden Familien von Morges und Genf, die sie als Landhäuser benützten.

1974:
Wiedlisbach BE

Wenn Bauernhöfe Wohnhäuser werden

Am 8. Dezember 1983 brannten im kleinen Landstädtchen Wiedlisbach vier Liegenschaften aus dem 18. Jahrhundert innert weniger Stunden vollständig nieder, während ein weiteres Haus schwer beschädigt wurde. 19 Personen wurden obdachlos, und der Schaden belief sich auf mindestens fünf Millionen Franken. Mehr als das Doppelte davon kostete der Wiederaufbau der betroffenen Gebäude, die in der geschlossenen Häuserzeile der Altstadt-Südfront eine empfindliche Lücke hinterlassen hatten. Denn darüber waren sich alle im klaren: Hier konnte nicht irgend etwas Neues aufgestellt werden, wollte man den bisherigen Charakter der Ortschaft bewahren und die Auflagen von Denkmalpflege und Heimatschutz erfüllen. Zügig wurde die Herausforderung angepackt und abgeschlossen. Seit auch die neue Umfahrungsstrasse besteht und sich der Durchgangsverkehr nicht mehr durch das historische Gemäuer wälzt, präsentiert sich Wiedlisbach anders als zuvor. Dies trifft vor allem auch auf das durch vier Quergässchen mit der Hauptgasse verbundene und eher bekanntere Hinterstädtchen zu, wo sich noch vor wenigen Jahrzehnten der letzte bäuerliche Altstadtbereich des Kantons Bern mit Miststöcken, Kühen, Pferdefuhrwerken und herumgackernden Hühnern befand. Seither sind die einstigen «Ackerbürger»-Häuser aus dem 16. Jahrhundert renoviert worden, und das Gebiet hat sich in ein eigentliches Wohnquartier verwandelt.

Eine Handvoll Idealisten

Es kommt also nicht von ungefähr, dass der seinerzeitige Gemeindepräsident, Arnold Heynen, bei der Entgegennahme des Wakker-Preises am 15. Juni 1974 forderte: «Die Altstadt als natürliches Zentrum unserer Gemeinde besteht nicht nur aus harmonischen Dachflächen und ansprechenden Fassaden. Es gilt vielmehr, ihr jene Funktion zu erhalten, die sie seit jeher erfüllt hat, nämlich ein Ort der Begegnung zu sein, ihren Bewohnern Geborgenheit und Behaglichkeit zu vermitteln und dem Durchreisenden Ruhe und Erholung zu geben.» Dabei war aller Anfang um die Erhaltung und Weiterentwicklung der historisch gewachsenen Strukturen in Wiedlisbach schwer, und die Initiative dazu ging von einer Handvoll Idealisten aus. Auf sie nämlich ist die Restaurierung der Kapelle im Jahr 1949 zurückzuführen, und sie standen hinter der ersten Renovation eines Altstadthauses. Sie waren es auch, die in den fünfziger Jahren das ausserbehördliche Altstadtkomitee ins Leben riefen, das Träger der Wiedlisbacher Ortsbildpflege wurde und in dem übrigens die Wakker-Preis-Idee erstmals aufkeimte. Ihre Arbeit – oft verbunden mit unangenehmen Auseinandersetzungen – wirkte ansteckend, denn immer mehr Mitbürger sympathisierten mit ihren Argumenten und prominente externe Fachkreise unterstützten sie ideell und materiell.
Aus idealistischem Geiste heraus wurde 1954 die Verkehrskommission gegründet. Im Zusammenhang mit einem Verkehrssanierungsprojekt setzte sie sich zum Ziel, die geschichtliche Bausubstanz des Städtchens zu sichern, es wieder zu beleben und auf diese Weise seinen Fortbestand zu gewährleisten. Denn bislang hatte hier das Geld für umfassendere Renovationsarbeiten gefehlt. Dementsprechend prekär sah es in den alten Bauten entlang der nördlichen Stadtmauer aus. Zudem befürchtete man in Wiedlisbach, dass das Städtchen mit der Eröffnung der Autobahn Zürich–Bern, wie schon beim Bau der Bahnlinie am Jura-Südfuss, noch mehr von den grossen Verkehrsströmen abgeschnitten und wirtschaftlich isoliert werde. Die inzwischen zum «Altstadtkomitee» umgetaufte Verkehrskommission erkannte daher schon vor bald dreissig Jahren: das Städtchen musste raschmöglichst attraktiver gemacht werden. Was sich jedoch wie ein elegantes Programm ausnahm, erwies sich in der Praxis als eine Knochenarbeit der kleinen Schritte.

Kampf dem «Erzrebellennest»

Versuchen wir aber zuvor, dem roten Faden der Ortsgeschichte zu folgen: Wiedlisbach liegt auf der untersten Schotterterrasse im Bipperamt am Jura-Südfuss, einem Landstrich links der Aare zwischen Sigger und Dünnern. Gefässe und Werkzeuge aus einem Brandgrab deuten darauf hin, dass die Gegend während der späteren Bronzezeit, also im 13. vorchristlichen Jahrhundert, bereits besiedelt war; ebenso fanden sich Spuren der Kelten, die die Region nachher bevölkerten. Auch ist man hier auf Überreste eines Gutshofes aus römischer Zeit gestossen. Was nach dem Einfall der Alemannen ums Jahr 500 n.Chr. in diesem Gebiet geschah, liegt im dunkeln und gewinnt erst Jahrhunderte später Konturen. Es scheint, dass der Ortsname alemannischen Ursprungs ist und auf den Sippenführer Wihtili zurückgeht, der sich an einem vom Rumisberg herunterfliessenden Bach niedergelassen haben soll.

Das Städtchen selbst wurde um 1240 durch die Grafen von Froburg, denen schon Olten, Aarburg, Zofingen, Liestal, Klus, Fridau und Waldenburg gehörten, als westlichste Bastion gegründet. Diese Städte dienten einerseits dem Schutz des aufkommenden Reiseverkehrs sowie als Rastplatz und Etappenort, anderseits aber waren sie Steuer- und Zollquelle. Nachdem sich die Froburger zusehends verschuldet hatten, ging ihre Herrschaft Bipp ab 1366 nacheinander an die Grafen von Nidau, Thierstein und 1379 von Kyburg. Sechs Jahre später fiel Wiedlisbach den Habsburgern in die Hände, die den Bewohnern gestatteten, jeden Dienstag einen Wochenmarkt abzuhalten. 1423 äscherte ein Grossbrand das Städtchen bis auf den Grund ein, und auch danach wurde die Ortschaft mehrmals von Feuersbrünsten teilweise zerstört. Im Jahre 1463 übernahm die Stadt Bern das Zepter; sie entliess zwar die Bipperämter 1508 aus der Leibeigenschaft, ihre rücksichtslosen Landvögte aber bewirkten, dass 1653 die Bauern auf die Barrikaden stiegen. Sie mussten es teuer bezahlen. Ohne Gnade wurde ihr Aufstand unterdrückt, das «Erzrebellennest» geplündert und mit Kriegskosten belastet, die es während Jahrzehnten in tiefe Armut stürzten. Verständlich, dass unter solchen Umständen die französischen Revolutionstruppen 1798 hier mit offenen Armen empfangen wurden…

Auszug der Landwirtschaft

Doch weder sie noch die neue freiheitliche Verfassung brachten den erhofften Wirtschaftsaufschwung. Die Bevölkerung fristete ein kümmerliches Dasein, die einheimische Wirtschaft entwickelte sich kaum. Ein Versuch, die Baumwollspinnerei einzuführen und endlich Morgenröte herbeizuzaubern, scheiterte an der Apathie der Bevölkerung, die jede Hoffnung auf eine bessere Zukunft aufgegeben zu haben schien. Mit der Eröffnung der Solothurn-Niederbipp-Bahn besserte sich aber die Lage. Zugleich setzte ein markanter Strukturwandel in der Gemeinde ein. Die günstigeren Verkehrsverbindungen lockten einerseits manchen Wiedlisbacher in die umliegenden Industriezentren, die attraktivere und vielseitigere Aufgaben für Berufstätige zu bieten hatten. Anderseits zog die mittelalterliche Oase am Jura ruhesuchende neue Einwohner an. Als Folge des zunehmenden Durchgangsverkehrs wurden die Landwirtschaftsbetriebe ausgesiedelt, und im Rahmen des allgemeinen Umstrukturierungsprozesses gingen eine Anzahl landwirtschaftlicher Kleinbetriebe ein.

So verlor das Hinterstädtchen allmählich seine einstige Funktion als bäuerlicher Lebensraum. Es verkümmerte und drohte der Spekulation anheimzufallen. Soweit sollte es allerdings nicht kommen! Mit einem grossen Volksfest zur 700-Jahr-Feier des Städtchens bildete das Altstadtkomitee 1955 den finanziellen Grundstock, um privaten Hausbesitzern im Städtli bei der oft ungewöhnlich kostspieligen Renovation ihrer Liegenschaften beizustehen. Später gaben sich die Stimmbürger ein fortschrittliches Baureglement. Es sicherte den Fortbestand der kleinbürgerlich-bäuerlichen Bauten im Zentrum und damit die Zukunft des Städtchens. (Seine neueste Fassung datiert von 1989; sie beinhaltet unter anderem auch strenge Vorschriften über den Landschafts- und Naturschutz und schränkt die Einzonung von Bauland stark ein.) Unter erheblichen Opfern der Bauherren und unterstützt von Bund, Kanton, Heimatschutz und Altstadtkomitee entstand allmählich im arg lädierten Hinterstädtchen neues Leben. Der heimelige Platz zeigt sich heute herausgeputzter denn je. Die Häuser sind meist aussen und innen renoviert, in gewissen Fällen vielleicht auch überrenoviert, indem zwar noch die alten Fassaden stehen, das Gebäudeinnere aber weitgehend von heute stammt. Störende Freileitungen hat man verkabelt, den Boden gepflastert. Das verdient um so mehr anerkannt zu werden, als die Gemeinde auch während der letzten Jahrzehnte keineswegs auf Rosen gebettet war.

Weitere Arbeitsplätze gesucht

Dies schlägt sich auch in der Bevölkerungsentwicklung nieder. Die Einwohnerzahl ist zwar im Verlaufe der letzten achtzig Jahre regelmässig gestiegen, doch auf einem vergleichsweise tiefen Stand und durchschnittlich nicht mehr als um zehn Personen im Jahr. Heute beträgt sie 2266, gegenüber 1370 zu Beginn des Jahrhunderts und 1823 im Jahr 1950. Die Altersstruktur darf als ausgeglichen bezeichnet werden. Etwas anders sieht es in bezug auf die Erwerbstätigkeit aus. Die Land- und Forstwirtschaft, vor noch nicht allzu langer Zeit die tragende Säule, ist auf fünf Prozent zusammengeschrumpft und liegt sogar unter dem kantonalen Mittel von 9,3 Prozent. Hoch ist dafür der Anteil der in Industrie, Handwerk und Baugewerbe beschäftigten Wiedlisbacher, nämlich 65 Prozent. Etwa ein Drittel der Berufstätigen ist dem Dienstleistungssektor zuzurechnen. Am Ort selbst finden 755 Personen eine Beschäftigung, 350 arbeiten auswärts.

Das gesamte Gemeindegebiet umfasst 750 Hektaren. Davon werden 446 Hektaren von 16 Betrieben landwirtschaftlich genutzt. Der Getreide- und Kartoffelanbau steht im Vordergrund, dicht gefolgt von der Viehwirtschaft. Da die meisten Höfe über zu wenig Boden verfügen und ein Drittel der Nutz-

Ausgeklügeltes Kellersystem

Im Zusammenhang mit dem Wiedlisbacher Städtchenbrand von 1983 haben Untersuchungen des Archäologischen Dienstes des Kantons Bern zu interessanten Entdeckungen und Erkenntnissen über die alte Stadtmauer und ein bisher unbekanntes Kellersystem geführt. Demnach wurde die Stadtmauer des 13. Jahrhunderts im beobachteten Bereich in den Hang hineingestellt, so dass die äussere Flucht sichtbar, die innere indessen direkt gegen das Erdreich gemauert war. Die 1,3 Meter dicke Mauer besteht aus Kalkbruchsteinen, Lesesteinen, Kieselbollen und Kies, die mit einem groben Kalkmörtel gebunden sind und den Eindruck eines rasch ausgeführten Bauwerkes erwecken. Schon die ältesten (Holz-)Häuser schlossen sich direkt an die Stadtmauer an, doch reichten diese Bauten noch nicht bis zur heutigen Gassenflucht. Somit dürfte der Freiraum der Hauptgasse früher breiter gewesen sein. Erst als später die Brandmauern und mit ihnen die breiteren Steinhäuser entstanden, wuchs die Häuserreihe weiter auf die Gasse hinaus bis zur heutigen Flucht.

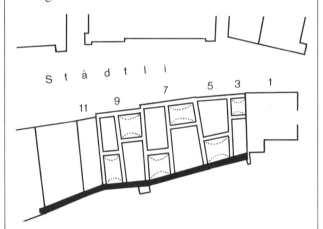

Grundriss der Häuser Städtli 3-9 mit Eintragung der Gewölbekeller (Quelle: Archäologischer Dienst des Kantons Bern)

Auf das späte 15. oder 16. Jahrhundert gehen die noch heute erhaltenen Gewölbekeller zurück, die alle tief unter die Fundamente in den gewachsenen Moränenboden greifen und deren Lage eigenartigerweise von Haus zu Haus wechselt. Im einen Gebäude findet sich der Keller vorne, im andern hinten, dann wieder vorne. Das lässt auf eine gemeinsame Planung oder zumindest auf gegenseitige Absprachen unter den Nachbarn schliessen. Durch die alternierenden Kellerstandorte konnten nämlich bei geringstem bautechnischem Aufwand verschiedene Vorteile erzielt werden: statische, finanzielle und – augenfällig – klimatische. Denn dank dem gewählten System ist jeder Keller allseitig von natürlichem Moränenboden umgeben, also kühl und feucht. Nicht umsonst hat die Wiedlisbacher Entdeckung weit über die Landesgrenzen hinaus Beachtung gefunden.

Teilansicht des Hinterstädtchens, das in den letzten Jahrzehnten schrittweise zum schmucken und lebensfreundlichen Herzen des historischen Wiedlisbach umgestaltet worden ist.

fläche Nicht-Landwirten gehört, stellen sich in Wiedlisbach erhebliche Pachtprobleme. Ausserdem ist bei etlichen Betrieben die Nachfolge ungewiss. Recht vielseitig vertreten ist in der Gemeinde das Gewerbe. Es reicht von der Baubranche über das Karosserie- und Farbwerk bis zur Nussrösterei. Hingegen hat sich hier bisher nur wenig Industrie angesiedelt, und 1100 Berufstätigen stehen nur 250 industrielle Stellen offen. Die Ortsplanung postuliert daher, in der Gemeinde neue Arbeitsplätze zu schaffen und so den hohen Pendlersaldo abzubauen.

Regionales Kulturzentrum

Das Hauptaugenmerk freilich legt die Wiedlisbacher Planung auf die Altstadtzone. Denn soviel hier in den letzten Jahren renoviert, restauriert und saniert worden ist, soviel bleibt noch zu tun – zumal die Behörden das historische Städtchen, wegen anderer Aufgaben, seit einiger Zeit etwas vergessen zu haben scheinen. Dies äussert sich nicht zuletzt darin, dass hier in der jüngsten Vergangenheit mehrere Ladengeschäfte eingegangen sind und für die Versorgung mit den täglichen Konsumgütern die «Alarmglocke» gezogen werden musste. Denn die Altstadt besteht nicht nur aus Mauern, sondern hat auch mannigfaltige soziale Aufgaben zu erfüllen. In ihr sollen sich die Menschen begegnen, die Bewohner sich geborgen und heutigen Bedürfnissen gemäss aufgehoben wissen. Der Durchreisende aber soll sich hier erholen und an den Schönheiten früherer Baukunst erfreuen können. Deshalb ist man in Wiedlisbach seit längerem bestrebt, das Städtchen vermehrt zum kulturellen Brennpunkt der Region zu machen. Denn es verfügt über Gebäulichkeiten, die sich ausgezeichnet dafür eignen, die Gemeinde aufwerten und dem Besucher hohe Erlebniswerte vermitteln.

Drei solcher Treffpunkte gibt es denn auch bereits: das Kornhaus, die St. Katharinenkapelle und den sogenannten «Spittel». 40 Jahre nach dem Bauernaufstand erstellt, diente das mehrmals abgeänderte Kornhaus mit seinem Krüppelwalmdach zunächst als Getreidelager, als Sammelstelle für die Zehntenabgabe, dann als Theatersaal, Turnhalle, Korbflechterei und Kohlenhandlung. 1955 nahm es nach einer eingehenden Renovation die historische Sammlung aus der Katharinenkapelle auf. Heute beherbergt das markante Haus am Westende der Mittelzeile des Städtchens ein Museum. Darin sind auf fünf Stockwerken alte Geräte, Möbel Waffen, Zinn, Gläser und eine der bedeutendsten öffentlichen Keramiksammlungen der Schweiz mit Geschirrstücken von so bekannten Manufakturen wie Matzendorf, Langnau, Heimberg, Simmental, Lenzburg usw. untergebracht.

Die St. Katharinenkapelle, deren älteste Urkunde von 1338 stammt, ist ganz in die östliche Häuserzeile eingebunden. Sie ist mit Wandmalereien des 15. Jahrhunderts geschmückt und diente eine Zeitlang als Lokalmuseum. Heute finden in ihr Hochzeiten, Konzerte und andere kulturelle Anlässe statt. Unter anderem für Ausstellungen hergerichtet worden ist auch der «Spittel», eine mittelalterliche Herberge, die einst bedürftigen Wanderern und Pilgern zur Verfügung stand. Hingewiesen sei ferner auf die historischen Gasthöfe in der Hauptgasse, vorab auf den «Schlüssel» von 1761, wo einst Kaiser Joseph II. von Österreich abgestiegen war, auf das ehemalige Rathaus (heute Gasthof Bürgerhaus), dessen Kern bis 1540 zurückreicht, sowie auf das in klassizistischem Stil gehaltene Restaurant Krone (1800).

Linke Seite, oben links: Wer seine Augen zu den Vordächern hinauf erhebt, entdeckt da und dort malerische Überraschungen.

Linke Seite, oben rechts: Das Bürgerhaus mit seinem originellen Dachreiter datiert von 1540. Es gehörte früher der Burgergemeinde und war das Rathaus. Heute dient es als Gasthof.

Linke Seite, unten: Charakteristisch für die Südfront des Städtchens sind die hier angelegten «hängenden Gärten». Nach dem Brand von 1983 mussten vier Liegenschaften dieser Häuserreihe rekonstruiert werden, so das Riegelhaus rechts im Bild.

Rechte Seite: Wahrzeichen Wiedlisbachs ist der Wehrturm, der in der Westecke die mittelalterliche Ringmauer abschloss. Diese bestand aus einer Zeile nebeneinandergereihter Häuser mit 1,3 Meter dicken Aussenmauern aus Kalkbruchsteinen, Lesesteinen und Kies.

Oben: Die Umstrukturierung und Aussiedlung der landwirtschaftlichen Höfe in die weitere Umgebung haben das Hinterstädtchen von einer bäuerlichen Siedlung in ein bürgerliches Wohn-«Biotop» verwandelt.

Unten: Am Südfuss der Altstadt steht noch die in gotischem Stil erbaute, heute jedoch in ein Wohnhaus umgestaltete ehemalige Mühle mit Krüppelwalmdach.

1975:
Guarda GR

Sanfter Tourismus im Bergdorf

In den ersten Morgenstunden des 15. April 1987 ertönte in Guarda das Feuerhorn und riss die ganze Bevölkerung aus dem Schlaf. Drei alte Engadiner Häuser und ein Stall standen in Flammen. Trotz des raschen Eingreifens der Ortsfeuerwehr und der Unterstützung durch die Korps mehrerer Nachbargemeinden wurden alle vier Gebäude eingeäschert und verlor eine junge Frau ihr Leben. Die übrige Gemeinde jedoch kam in jenen Geisterstunden mit dem Schrecken davon und sollte gottlob nicht wieder erleben, was sich hier Jahrhunderte zuvor schon einmal ereignet hatte, dann aber eines der originellsten Ortsbilder des Alpenraumes hervorbrachte.

Das vergessene «Mauerblümchen»

Schon die Lage spricht für sich: Eingebettet in die imposante Bergwelt des Unterengadins mit ihren steil gegen den Inn abfallenden Hängen und ihren pyramidenhaft zum Himmel ragenden Zinnen, scheint Guarda von seiner hohen Sonnenkanzel aus das Tal zu bewachen. Und von dieser Warte («Warda» = Guarda) hat die Ortschaft denn auch ihren Namen. Fernab von den grossen Verkehrsströmen scheint die Uhr hier gemächlicher zu laufen als anderswo, ja manchmal sogar stillgestanden zu sein. Das war nicht immer so, denn einst führte die Engadinerstrasse, die den Comersee und die Lombardei mit dem Tirol und dem süddeutschen Raum verbindet, mitten durch das Dorf. Auf ihr wickelte sich ein lebhafter Kultur- und Güteraustausch – vor allem von Käse und Salz – ab. Den durchziehenden Säumern bot Guarda Unterkunfts- und Verpflegungsmöglichkeiten, was den Einheimischen willkommenen Nebenverdienst einbrachte. Noch heute erinnert die stattliche «Sust» (Ruhestätte für Säumer und Tiere) an diese Zeit.
Als 1865 die Hauptstrasse in die Talsohle verlegt wurde und der Gotthardtunnel sowie die Eisenbahnlinie St. Moritz–Schuls eröffnet wurden, versank das nun vom Nord-Süd-Verkehr abgeschnittene Bergdorf rasch in einen Dornröschenschlaf. Die kargen Verdienstmöglichkeiten in der heimatlichen Landwirtschaft und das Fehlen anderer Erwerbszweige trieben viele junge Leute auf die Glückssuche ins ferne Ausland. Das änderte sich auch nicht, als in andern Engadiner Dörfern die Hotellerie aufblühte und sich mit dem heranrollenden Tourismus neue Perspektiven eröffneten. Guarda serbelte wirtschaftlich immer mehr dahin. Und damit begannen auch die oft sich selbst überlassenen und leerstehenden Häuser zu zerfallen. Denn um sie zu pflegen, fehlte das Geld, zumal die Landwirte drückendere Sorgen hatten, als sich um das dahinsiechende Erbe von gestern zu kümmern.
Es musste also etwas geschehen, wollte man über kurz oder lang nicht die schönsten Gebäude einstürzen sehen. Während des Zweiten Weltkrieges machte man auf persönliche Initiative des Architekten Iachen Ulrich Könz hin ernst. Bund, Kanton und Schweizer Heimatschutz rafften sich zu einer Gemeinschaftsaktion auf, um die gefährdetsten Gebäude wenigstens äusserlich instand zu setzen. Zugleich erkannte man aber auch privaterseits das Gebot der Stunde und ging daran, die Häuser im Innern auszubessern und neuen Lebensgewohnheiten anzupassen. Seither wird in Guarda mehr oder weniger permanent repariert, restauriert, renoviert.

Ohne Landwirte keine Zukunft

Bedrängt wurde das kleine Bergdorf aber noch von einer andern Seite: den tiefgreifenden Veränderungen seiner Bevölkerungsstruktur. Zwar gehört nach wie vor die Mehrheit der ständig hier lebenden Bewohnerinnen und Bewohner dem Bauernstand an, aber ihr Anteil ist in den letzten Jahren dauernd zurückgegangen. Dennoch ist es dank der im nahegelegenen Lavin untergebrachten Landwirtschaftsschule gelungen, in der Talschaft einen qualifizierten Nachwuchs heranzuziehen. Dessen Betriebe haben freilich kaum mehr etwas gemeinsam mit denjenigen der Vorfahren, die reine Selbstversorger waren und auf den umliegenden Terrassen noch Getreide und Kartoffeln anbauten. Heute

prägen Viehzucht und Milchproduktion Guardas Landwirtschaft.
Der Einzug der Technik, der Zwang zur Rationalisierung und die stetig steigenden Investitionskosten trugen das Ihrige dazu bei, dass die traditionellen Kleinhöfe immer mehr verschwanden und in Grossbetriebe verwandelt wurden, die sich vorab ausserhalb des Dorfkerns ansiedelten. Die landesweit anhaltende Überproduktion von Milch und Fleisch, die angespannte Bundesfinanzlage, die ungleichen Marktordnungen usw. beeinträchtigen aber zusehends die Ertragskraft der landwirtschaftlichen Betriebe und bereiten namentlich dem Berggebiet Unbehagen. Mit den nun von den Behörden anvisierten Direktzahlungen für die gemeinnützigen Leistungen unserer Bauern, etwa zur Pflege der Kulturlandschaft, zeichnen sich zwar gewisse Lichtblicke ab. Und mit genossenschaftlichen Selbsthilfemassnahmen versuchen die Unterengadiner Landwirte zusätzlich, die Produktion und Verwertung von Milcherzeugnissen gemeinsam zu optimieren. Denn eines muss man sich bewusst sein: ohne gesunden Bauernstand wäre ein Dorf wie Guarda auf die Dauer kaum lebensfähig.

Entwicklung nach innen

Aber mit der Landwirtschaft allein geht es heute auch nicht mehr. Der Tourismus bietet im Unterengadin seit langem eine willkommene Ergänzung – nicht zuletzt für die nebenerwerblich tätigen Landwirte. Im Gegensatz zu Scuol, wo sich wegen der bekannten Heilquellen schon früh eine internationale Gästeschaft einfand, fristete Guarda touristisch lange Zeit ein Schattendasein. Seine Abgeschiedenheit und die topographischen Verhältnisse gestatteten es dem Dorf nicht, in die Fussstapfen der grossen Fremdenverkehrszentren des Engadins zu treten. Zudem war die Gemeinde willens, aus den Fehlern mondäner Ferienorte zu lernen und einer unkontrollierten Bautätigkeit zu entsagen. Man erkannte die Chancen eines landschaftlich und architektonisch intakten Ortsbildes für den Fremdenverkehr und setzte von Anbeginn an auf die «sanfte Welle»: auf eine Entwicklung mit Mass, Ferien für Individualisten, Familien- und Wandertourismus. Grosse mechanische Sportanlagen mit ihrer oft bodenverschlingenden Infrastruktur wurden ebenso ausgeschlossen wie der Bau spekulativer Feriensiedlungen auf der grünen Wiese.
In Guarda mit seinem reichen, über weite Strecken brachliegenden Erbe an alten Bauernhäusern hiess die Devise «Entwicklung nach innen, Umnutzung des Vorhandenen». Dies zu einer Zeit, als noch kaum ein Planer so etwas propagierte. Freilich: die Sanierungsaktion während des Zweiten Weltkrieges hatte für eine solche Strategie günstige Voraussetzungen geschaffen. Und der besondere Reiz Guardas lockte schon bald kaufkräftige Unterländer heran, die sich hier ein Stück Vergangenheit erwarben und gewillt waren, dieses zu unterhalten und in die Zukunft hinüberzuretten. Doch die Umnutzung und der Umbau solcher ursprünglich für ganz andere Zwecke erstellten Häuser will sorgfältig angepackt werden, soll damit nicht ein massiver Verlust an historischer Substanz einhergehen.

Alles unter einem Dach

Hier mag interessieren, wie das klassische Engadiner Haus, welches in Guarda bis heute dominiert, angelegt ist. Nach 1500 entwickelt, vereinigt dieser meist markante Gebäudetyp Wohnhaus, Hof, Stall und Scheune unter einem Dach. Im Untergeschoss befindet sich die «Cuort» (Hof) und im Erdgeschoss der «Sulèr» (Diele). Vom Sulèr aus gelangt man über Treppen zum Keller und ins Obergeschoss. Und nur von ihm aus erreicht man auch die drei wichtigsten Wohnräume, die holzgetäfelte «Stüva» (Stube), die gewölbte «Chadafö» (wörtlich Feuerhaus = Küche) und die geräumige «Chamineda» (Speisekammer). Über dem wärmenden Stubenofen liegen die Schlafkammern und hinter dem Sulèr der «Talvo» (Scheune). Diese innere Struktur lässt sich auch sehr gut an der äusseren Gestaltung der Häuser ablesen: So wird die Hauptfassade von zwei mächtigen Toren bestimmt, von denen das eine in die untergeschossige Cuort und das andere in den Sulèr führt, durch den man früher mit den Heuwagen direkt in die Scheune rollte. Obwohl dieses Grundkonzept bei fast allen Bauernhäusern Guardas vorzufinden ist, besticht dessen Ortsbild durch einen grossen Formenreichtum der Gebäude. Das Dorf fasziniert zudem durch eine Fülle geschmiedeter Fenstergitter, phantasievoller Erker, Fresken, Wappen, geschnitzter Portale, durch Hausbänke, Sinnsprüche und Sgraffiti.

Guardas Architektur stammt vorwiegend aus dem 17. Jahrhundert und entstand, nachdem österreichische Truppen während des Dreissigjährigen Krieges das alte, vorwiegend aus Holzhäusern bestehende Dorf niedergebrannt hatten. Obwohl als Strassensiedlung angelegt, folgen sich die Häuser nicht in Reih und Glied. Sie bilden vielmehr eine

Was ist Sgraffito?

Sgraffito bezeichnet eine besondere Art der Hausdekoration und heisst soviel wie ritzen, kratzen oder auskratzen. Dabei wird vorerst auf dem feuchten Naturputz Kalk aufgetragen, der sich fest mit der Putzschicht verbindet. Mit einem Griffel oder Holzspachtel kratzt dann der Künstler entsprechend dem anvisierten Ornament die weiche Kalkschicht ab. So wird der darunterliegende, dunklere Putz freigelegt und das Ornament sichtbar. Eine ähnliche Nass-in-Nass-Methode wird übrigens auch bei den Freskos angewendet. Ihren Höhepunkt erlebte die Sgraffito-Technik in Florenz zur Zeit der Renaissance. Gegen Ende des 16. Jahrhunderts tauchten deren Motive in den bündnerischen Gebirgstälern auf.

Besonders beliebt waren einst Nachbildungen von Architekturelementen wie Eckquadern, Gesimsen, Profilen, Säulen usw., welche aus ursprünglich plastischen Formen durch die Umsetzung in die Sgraffito-Technik zu rein dekorativ-flächigen Zeichnungen wurden. Neben diesen Verzierungen brachten die Italiener Schablonen von Friesen mit Engeln, Drachen, Delphinen und Ranken mit. Dazu kamen alte Symbole (z. B. das Sonnenrad), pflanzliche Elemente wie Blumen und Blumensträusse oder Motive aus der Stickerei und aus Möbel-Intarsien. Später wurden die klassischen Formen frei interpretiert, und das Sgraffito entwickelte sich zu einer eigentlichen Volkskunst.

Das ehemalige Bergbauernhaus als Zweit- oder Ferienresidenz für erholungsuchende Gäste aus dem Unterland ist auch in Guarda oft die einzige Alternative, um Altliegenschaften eine Zukunft zu sichern.

Kette in sich geschlossener Gebäudegruppen, von denen jede ihr eigenes Gesicht trägt. Im Mittelpunkt des Ensembles befindet sich überall ein kleiner Brunnenplatz. Hier spielte sich einst ein wesentlicher Teil des Dorflebens ab, hier wurde getränkt, gewaschen, geplaudert und gesungen. Eine besonders reizvolle Kulisse bieten die Häuser im Sommer, wenn vor den trichterförmigen Fenstern Nelken und Geranien blühen – ein Brauch übrigens, den vermutlich heimkehrende Söldner einst aus Frankreich hierher gebracht haben. Zu den eindrücklichsten Häusern gehören etwa die alte Sust von 1717, das durch den Maler Alois Carigiet im «Schellenursli» bekanntgewordene Haus Nr. 51, das herrschaftliche Haus von Christoffel Binne mit seiner Empire-Ausstattung und die bis auf das 15. Jahrhundert zurückgehende Kirche mit ihrem intimen Innenraum. Nicht weniger zur aparten Atmosphäre tragen die gepflästerten Strassen bei, die in den letzten Jahren systematisch wiederhergestellt worden sind.

«Museum» im Lebenskampf

Das alles kann jedoch nicht über gewisse Schattenseiten dieser heute von Feriengästen, Zweitwohnungsbesitzern, Wanderern und Durchreisenden in gleicher Weise vereinnahmten Idylle hinwegtäuschen. Denn sosehr in der Vergangenheit Anstrengungen unternommen wurden, das überlieferte Ortsbild zu erhalten, vieles ist leider auch dem helvetischen Hang zur Überperfektion geopfert worden. Auch die Umnutzung der ehemaligen Bauernhäuser für Ferienzwecke hat ihre Spuren hinterlassen und die Grenzen zwischen alpiner und städtischer Kultur und Lebensgewohnheit verwischt. Und die Tatsache, dass ein grosser Teil der Liegenschaften nur mehr während weniger Wochen im Jahr bewohnt sind, mag hier und dort den Eindruck erwecken, in Guarda ein Museum zu durchstreifen.
Aus der Sicht der Einheimischen jedoch, die das ganze Jahr hier leben, sieht das etwas anders aus.

Für sie galt es eine Formel zu finden, wie sie einerseits ihre Existenz und damit eine lebensfähige Dorfgemeinschaft sichern und anderseits ihr kulturelles Erbe in die Zukunft hinüberretten konnten. Bis jetzt ist diese schwierige Gratwanderung alles in allem gelungen. Nach langem und hartem Ringen genehmigte die Gemeinde 1974 ein umfassendes Baugesetz mit der entsprechenden Ortsplanung, welche die Rechtsgrundlagen von Bund und Kanton weitgehend ausschöpft. Diese haben es den Behörden bisher ermöglicht, krasse bauliche Fehlentwicklungen zu vermeiden und vor allem die Kernzone von störenden Einflüssen frei zu halten. Geachtet hat man in Guarda auch darauf, das ganze «übrige Gemeindegebiet» konsequent für die landwirtschaftliche Nutzung zu sichern. Nur im westlichen Dorfteil wurde eine das Ortsbild allerdings wenig beeinträchtigende Neubauzone ausgeschieden. Im übrigen enthält das Baugesetz, das zurzeit revidiert wird, unter anderem genaue Erschliessungs- und Zonenvorschriften sowie weitreichende Bestimmungen über die Baugestaltung. Schliesslich berücksichtigt es besonders die Anliegen der für die Überlebensfähigkeit des Dorfes und für die es besuchenden Touristen so wichtigen Landwirtschaft.

Im Unterengadiner Dorf bildet jede Gebäudegruppe eine Einheit für sich. Im Mittelpunkt befindet sich in der Regel ein Brunnenplatz. Hier spielt(e) sich ein wesentlicher Teil des Gemeinschaftslebens ab, hier wurde getränkt, gewaschen, geplaudert und gesungen.

Ohne gesunden Bauernstand könnte ein Dorf wie Guarda auf die Dauer nicht überleben. Durch Rationalisierungs- und genossenschaftliche Selbsthilfemassnahmen konnte sich zwar die hiesige Landwirtschaft bis heute behaupten. Doch ungleiche Marktordnungen bereiten trotz Direktzahlungen für gemeinnützige, landschaftspflegerische Leistungen der Bergbauern Sorgen.

Links: Mit Ausnahme dieser sich an den herkömmlichen Baustil anlehnenden Neubauzone im Westen des Dorfes, ist es gelungen, praktisch das ganze übrige Gemeindegebiet vor Überbauungen freizuhalten.

Mitte: Von Italien aus ist gegen Ende des 16. Jahrhunderts der Brauch, Erker, Türeingänge und andere Fassadenteile mit Fresken und Sgraffiti zu schmücken, bis auf die Sonnenterrasse im Inntal vorgedrungen.

Rechts: Zu den Wesensmerkmalen des Engadinerhauses gehören im Erdgeschoss das Bogentor zu Wohntrakt und Scheune, durch das man mit den vollbeladenen Heuwagen rollte (rechts), die Vorbank sowie das Zugangstor zum Stall im Untergeschoss (links).

Obwohl in den letzten Jahren vieles erneuert worden ist, gibt es in Guarda noch manches zu tun. So harrt auch dieses verlassene Bauernhaus, das zu den ältesten des Dorfes zählt, einer «Kur».

1976:
Grüningen ZH

Geschützter Kern – verschonte Weiler

Grüningen, im Einzugsgebiet der Stadt Zürich gelegen, besteht aus dem mittelalterlichen «Stedtli», den sich ihm anschliessenden Dorfteilen Binzikon und Itzikon sowie einer Reihe ganz und gar landwirtschaftlich geprägter Weiler wie Büel, Adletshausen und Bächelsrüti – alle umgeben von weiten Feldern, Riedwiesen und Wäldern. Diese sind in der kommunalen Bau- und Zonenordnung zwei Kernzonen zugeordnet. Eine umfasst das alte Städtchen, wo jeglicher Gebäudeabbruch verboten ist und die Detailgestaltung von Umbauten und Aussenrenovationen nach denkmalpflegerischen Grundsätzen erfolgen muss. Die andere betrifft die Kernzonen in Binzikon, Itzikon, Büel und das Gebiet östlich des «Stedtli». Hier sind gewisse Veränderungen erlaubt, wenn auch nur innerhalb eines relativ engen Rahmens. Das übrige Baugebiet (Wohnzonen, Gewerbezone und Zone für öffentliche Bauten) liegt ausserhalb dieser beiden Bereiche.
So ist es den Grüningern gelungen, die historisch wichtigen Gemeindeteile und ihre Randgebiete im Griff zu halten und die Neubautätigkeit buchstäblich in die Schranken zu weisen. Das Ergebnis darf sich noch heute zeigen lassen, und es verwundert kaum, dass der Zürcher Regierungsrat das Landstädtchen im Oberland schon 1975, im Europäischen Jahr für Denkmalpflege und Heimatschutz, als ortsbildpflegerischen Musterknaben bezeichnete, und dieses ein Jahr später dann den Wakker-Preis bekam.

Was private Initiative vermag

Stärker und vor allem früher als anderswo gehen hier die Verdienste darum vorab auf die private Initiative zurück, genauer: auf die Heimatschutzgesellschaft Grüningen. Ihre Vorgeschichte begann bereits in den dreissiger Jahren. Denn im Zusammenhang mit der 900-Jahr-Feier von 1938 reifte in Grüningen der Gedanke, hier ein eigenes Museum zu gründen. Zu diesem Zweck setzte der Verkehrsverein eine Heimatschutzkommission ein, die kurz nach dem Zweiten Weltkrieg das Schlossmuseum eröffnen konnte und sich neben dessen Betreuung auch um allgemeine Ortsbildfragen zu kümmern begann. 1964 trennte sie sich vom Verkehrsverein und wurde zur selbständigen Heimatschutzgesellschaft. Diese nimmt seither alle Aufgaben wahr, die ein historischer Dorfkern stellt, und entlastet so massgeblich die öffentliche Hand, mit der sie übrigens eng und in bestem Einvernehmen zusammenarbeitet. Im Klartext:
Sie überwacht und unterbreitet Vorschläge für bauliche Veränderungen im Städtchen und in dessen Umgebung, sie erwirbt, renoviert und veräussert Gebäude und Grundstücke zur Sicherung des Ortsbildes, sie beteiligt sich finanziell und personell bei der Verbesserung desselben, führt das Ortsmuseum, veranstaltet kulturelle Anlässe, gibt Publikationen heraus usw. Der Initiative ihres Vorstandes ist es zu verdanken, dass eine Reihe städtebaulich und historisch wichtiger Bauten gerettet werden konnten. Darunter fallen das alte Gerichtshaus, das Haus am Stadtbrunnen, ein Reihenhaus, das Pfarrhaus und die alte Schlossmühle mit dem «Mülihüsli», in der inzwischen eine wertvolle Zinnfigurensammlung untergebracht wurde. Zudem ist die Gesellschaft am Gasthaus Hirschen beteiligt und organisiert den seit 1974 alljährlich im «Stedtli» stattfindenden Historischen Markt sowie den Frühlingsmarkt, beides Anlässe, die stets Tausende von Besuchern aus nah und fern anziehen. Beim ersten bieten Frauen und Männer in historischen Gewändern und an nostalgisch aufgemachten Ständen auf dem Chratzplatz Spezialitäten von anno dazumal an, handwerken, musizieren und tanzen unter freiem Himmel.

Zur rechten Zeit vorgesorgt

Nun wäre es freilich vermessen, wollte man alle Lorbeeren, die sich das Zürcher Oberländer Städtchen in der Vergangenheit auf dem Gebiet der Ortsbildpflege erworben hat, ausschliesslich der rührigen Heimatschutzgesellschaft zuschreiben. Auch die Gemeinde hat viel dazu beigetragen. Rechtzeitig vor Ausbruch der grossen Bauwelle haben die Behörden die Gefahren und Probleme um den historischen Kern erkannt und 1954 eine «Verordnung zum Schutze des Ortsbildes» erlassen. Sie zielte darauf ab, das Städtchen und einen weiten Grüngürtel um dieses herum zu schützen, und floss 1983 in die neue Bau- und Zonenordnung ein. Des weitern wurde ein Altstadtsanierungsfonds gebildet, der mit regelmässigen Zuwendungen aus den ordentlichen Steuereinnahmen der politischen Gemeinde gespeist wird. Aus ihm leistet man Beiträge an den Unterhalt wertvoller Gebäude, wobei die wirtschaftlichen Verhältnisse der Eigentümer gebührend berücksichtigt werden.

Grosse Sorgen bereiten den Grüningern aber seit langem die Verkehrsprobleme. Zwar konnte mit der erweiterten Forchstrasse zwischen Zürich und Rapperswil-Jona der Durchgangsverkehr, der sich noch bis vor etwa einem Jahrzehnt durch die schmale Altstadt wälzte, eingedämmt werden. Und nach harten Verhandlungen mit den Nachbargemeinden hat man auch erreicht, dass die zwischen dem Oberland und dem Zürichsee rollenden Autos das Städtchen umfahren. Der Transitverkehr ist aber immer noch so gross, dass er in den Spitzenzeiten zur Belastung wird. Ähnliches gilt für den Anliegerverkehr, der in den letzten Jahren ständig gewachsen ist, so dass es heute zeitweise selbst für diejenigen unmöglich geworden ist, in der Kernzone zu parkieren, die darauf angewiesen wären. Ein Versuch der Gemeinde, die Lage zu entschärfen, indem auf dem 300 Meter entfernten alten Bahnhofareal Parkraum geschaffen wurde, hat wenig gefruchtet. So gehört es weiterhin zu den erklärten, aber nicht einfach zu verwirklichenden Zielen der Gemeinde, den Durchgangsverkehr zu erschweren.

Hochburg des Zürcher Oberlandes

Doch lassen wir das und schauen wir in der Geschichte nach, wie es überhaupt dazu kam, dass hier eine Siedlung errichtet wurde. Nähert man sich Grüningen von Norden oder Nordwesten, ist die Antwort rasch gefunden: Das Städtchen liegt nämlich auf einem Felsplateau mitten in einer Talsenke zwischen den Hügelzügen des Bachtels und des Pfannenstiels. Dieser gut zu verteidigende Geländerücken bot sich im Mittelalter geradezu an, darauf eine Burg zu errichten. Urkundlich erstmals im Jahre 1038 erwähnt, gehörte das Gebiet damals dem Kloster St. Gallen. Von diesem erhielten es die Freiherren von Regensberg im 13. Jahrhundert als Lehen und errichteten dann vermutlich das Schloss. Ihm war eine Vorburg mit den Wirtschaftsgebäuden, Wohnungen der Bediensteten, Scheunen und Ställen vorgelagert, aus der sich allmählich das Städtchen mit seinen damals üblichen Handwerksbetrieben entwickelte.

Dadurch rückte Grüningen in den Mittelpunkt des Zürcher Oberlandes und gab der Herrschaft seinen Namen. Finanzielle Schwierigkeiten führten zunächst zu häufig wechselnden Eigentumsverhältnissen, bis die Ortschaft 1408 in die Hand der Stadt Zürich fiel. Unter ihren Fittichen wurde die ausgedehnte Herrschaft Grüningen, welche vom Tösstal bis zum Zürichsee fast den ganzen Südosten der Landschaft Zürich umfasste, zur Landvogtei und damit zu einem wichtigen Stützpunkt des Stadtstaates an der Limmat. Während des Alten Zürichkrieges um das Erbe des letzten Grafen von Toggenburg geriet das Stätchen nach einer schwächlichen Haltung seiner Zürcher Oberen vorübergehend in die Hände herumziehender Innerschweizer Truppen. 1489 waren die Grüninger massgeblich am Aufstand der Landschäftler gegen die Stadtzürcher beteiligt und errangen nach der Enthauptung des verhassten Bürgermeisters Hans Waldmann endlich grössere wirtschaftliche Freiheiten. Bis 1798 wurde aber Grüningen von zürcherischen Landvögten verwaltet. Nach der Abschaffung der Feudalrechte im Verlauf der Französischen Revolution wurde die Landvogtei 1803 Distrikt der Helvetischen Republik und mit der Restauration Hauptort des neuen Verwaltungsbezirkes, musste aber diese Vorrangstellung 1831 an Hinwil abtreten.

Von den grossen und bewegten Zeiten seiner

Geschichte übriggeblieben sind indessen die architektonischen Zeugen des Städtchens und seiner zahlreichen ländlichen Weiler. Wer den Ort heute besucht, dem springt als erstes wohl die reformierte Kirche mit ihrem abgewalmten Satteldach ins Auge. Der langgestreckte Bau ist 1783 an der Stelle einer Kapelle entstanden und nach dem Brand von 1970 aussen rekonstruiert und innen vollständig umgebaut worden. Im Obergeschoss ist der Kirchenraum untergebracht, der Saal im Untergeschoss dient als Kirchgemeindezentrum für Versammlungen, Konzerte, Theateraufführungen und Ausstellungen. Der Kirche gegenüber steht auf einem Felsenhügel das aus dem 13. Jahrhundert stammende Schloss mit Bergfried und Palas, ein stattliches Gebäude. Von der imposanten Burganlage von einst ist jedoch nur noch ein Teil erhalten. Im Schloss sind verschiedene Amtsräume und eine historische Sammlung untergebracht.

Es lebe der Riegelbau!

Betritt man das «Stedtli» von Südosten her, steht rechts vor dem ehemaligen Stadttor das klassizistische Stadtmannshaus von 1819. Es gehört der Gemeinde und dient ihrer Verwaltung. Auf der gleichen Seite folgt nun eine geschlossene Häuserzeile, welche von der Hauptgasse her ebenso wie von ausserhalb dieser nördlichen Stadtfront eine der reizvollsten Ortsansichten der zürcherischen Landschaft bietet. Und das, obwohl sie verschiedentlich von Bränden heimgesucht wurde! An ihr steht unter anderem der «Hirschen» (1604), ein Treppengiebelhaus mit getäferter Wirtsstube und einem hübschen Schild. Gegenüber sehen wir das Gerichtshaus der Landvogtei, dessen Kern von 1363 stammt und dessen Gerichtsstube – wenn auch unterteilt – noch intakt ist. Den Stadtbrunnen zeichnet eine toskanische Säule und der Grüninger Löwe aus (16. Jahrhundert). Daneben prangt seit 1678 das schönste Riegelhaus in der Gemeinde. Auf der andern Seite findet sich die zum Geschäftshaus umgebaute Zehntenscheune aus dem Jahr

Der Fachwerkbau

(Quelle: «Haustypen der Schweiz»)

Wie in andern Zürcher Gemeinden, ist auch in Grüningen das Fachwerkhaus mit einer Reihe bemerkenswerter Bauten vertreten. Bei diesem Gebäudetypus handelt es sich um eine verfeinerte Form des Ständerbaus (siehe Seite 113). Beiden Arten liegt ein hölzernes Rahmengerüst zugrunde. Im Gegensatz zum Ständerbau wird dieses Gerüst aber beim Fachwerkbau mehrfach durch schräge Streben und kurze, waagrechte Riegel unterteilt (daher der Ausdruck «Riegelbau»). Ursprünglich wurden die Fächer zwischen den Balken mit einem Flechtwerk aus Lehmverputz oder Lehmmörtel, später aber auch mit Sandsteinblöcken und Backsteinen gefüllt. Die Holzteile strich man mit einer Mischung aus Ochsenblut (heute mit roter Farbe), die Gefache dagegen mit Kalkmilch an. Durch diesen Farbkontrast und die Struktur des Balkengerüstes ergibt sich ein äusserst reizvolles Bild dieser Häuser. Der Fachwerkbau ist namentlich in der Ost-, Nordost- und Nordwestschweiz verbreitet.

Die Grüninger Bau- und Zonenordnung ist nicht nur auf die Gestaltung des mittelalterlichen Landstädtchens ausgerichtet, sondern ebenso darauf bedacht, die noch ganz und gar landwirtschaftlich geprägten Aussenweiler zu schützen. Veränderungen sind hier zwar erlaubt, doch lediglich in engem Rahmen.

1552, der sich das ebenfalls prächtige Pfarrhaus von 1678 in Fachwerktechnik anschliesst. Der «Chratz», wo einst die Märkte abgehalten (Grüningen erhielt 1416 das Marktrecht und 1621 einen Kornmarkt) und in unseren Tagen wiederbelebt wurden, ist umrahmt von hübsch renovierten Bauten und Resten der alten Stadtmauer. Mitten auf dem Platz steht noch der Sodbrunnen, das Wasserreservoir der einstigen «Stedtli»-Bewohner. Es gibt aber in Grüningen noch eine ganze Reihe von bemerkenswerten Bürger- und Gasthäusern, die den Dorfbrand von 1685 überstanden haben oder kurz danach erstellt wurden. Dazu kommen ausserhalb des Städtchens die ehemalige Mühle von 1566 im Tobel, mit ihrem idyllischen Weiher, der Gasthof Adler in Itzikon mit seinem mächtigen Wirtshausschild sowie verschiedene noch intakte Bauernhausgruppen und Oberländer Flarzhäuser.

Ländlich trotz Stadtnähe

Selbstverständlich hat aber die Neuzeit auch vor Grüningens Toren nicht haltgemacht. Die neue Kantonsverfassung belebte im 19. Jahrhundert Handel und Verkehr. 1836 wurde ein vierspänniger Postkurs von Zürich über die Forch nach Grüningen und Wald eingeführt, der jedoch ab 1843 auf die Strecke Zürich–Grüningen und ab 1865 auf eine solche von Zürich nach Esslingen reduziert wurde. Dafür erhielt Grüningen den Postwagenkurs Stäfa–Grüningen–Wetzikon. Von 1903 bis 1950 schlängelten sich die Wagen der Wetzikon-Meilen-Bahn durch das enge Städtchen, doch wurde die Bahn später durch einen Autobusbetrieb ersetzt. Durch den starken Aufschwung des Privatverkehrs, der das Oberland und die Stadt Zürich näher zusammenrücken liess, setzte ab Ende der fünfziger Jahre auch in Grüningen eine stärkere Bautätigkeit ein, und neue Quartiere schossen aus dem Boden. 1961 setzte die 878 Hektaren (wovon 72 Hektaren Bauzone) umfassende Gemeinde daher eine erste Bauordnung mit Zonenplan in Kraft, um so Herr der Entwicklung zu bleiben. Dies ist ihr denn auch weit besser gelungen als den meisten umliegenden Ortschaften, wo die bäuerlich-ländlichen Strukturen innert weniger Jahre dem Baufieber zum Opfer fielen.

1695 Seelen bewohnten Grüningen im Jahre 1850. Um die Jahrhundertwende waren es noch rund 1200, fünfzig Jahre später 1450. Von da an kletterte die Zahl unter dem Einfluss der Stadtflucht aus dem nahen Zürich ständig nach oben und lag 1989 bei 2527 Einwohnern. Den Hauptharst stellt mit 63 Prozent die mittlere, erwerbstätige Generation, während nur 10 Prozent über 65 Jahre zählen. Erstaunlich gut gehalten hat sich in Grüningen mit 74 Betrieben und 128 Beschäftigten bis heute der Bauernstand, weshalb er in der kommunalen Politik nach wie vor ein gewichtiges Wort mitzureden hat. Die Landwirtschaft widmet sich hier vorab dem Ackerbau und der Viehzucht. Verhältnismässig langsam hat in der Oberländer Gemeinde die Industrie Fuss gefasst, was nicht zuletzt auf das Fehlen eines Bahnanschlusses zurückzuführen sein dürfte. Zusammen mit dem Gewerbe waren es 1985 immerhin 41 Betriebe, die gut 300 Menschen Verdienst boten. Ebenso viele Personen in 78 Betrieben beschäftigte der Dienstleistungssektor. Erwähnen müssen wir noch, dass nicht nur das alte Städtchen, sondern auch dessen abwechslungsreiche Landschaft für tausende in der Agglomeration Zürich lebende Menschen eine beliebte Wanderregion ist. Bereichert wird sie übrigens durch einen botanischen Garten sowie verschiedene von den Behörden gepflegte Naturschutzgebiete.

Auf einem Felsplateau mitten in einer Talsenke gelegen, entwickelte sich das Städtchen vom Burgrücken (rechts bei der Kirche) ostwärts. Dort war eine Burg mit den Wirtschaftsgebäuden, Scheunen, Ställen und Bedienstetenwohnungen vorgelagert. Ihr entwuchs allmählich die noch heute bekannte Baustruktur.

Links: Mehrere hübsche Vertreter des Fachwerkbaus finden sich im Bereich des sechseckigen Stadtbrunnens aus dem 16. Jahrhundert. Auf diesem wacht ein Löwe, das Wappentier Grüningens.

Mitte: Zwischen dem Gasthaus Hirschen, einem stolzen Treppengiebelbau, und dem Gerichtshaus der Landvogtei vor 1700, stand früher das Stadttor. Bis 1844 war dieses der einzige Zugang zum Städtchen.

Rechts: Das Wirtshausschild des «Adler» im Ortsteil Binzikon ist nicht nur das grösste, sondern auch das prächtigste seiner Art im ganzen Kanton Zürich.

Oben: Jedes Jahr findet in Grüningen ein Markt statt, bei dem Frauen und Männer in historischen Kostümen Spezialitäten von anno dazumal anbieten und unter freiem Himmel handwerken, musizieren, tanzen – oder eben nach Urgrossmutters Art waschen.

Unten: Dank der lokalen Heimatschutzkommission konnte 1983 die ehemalige Schlossmühle mit dem «Mülihüsli» und den dazugehörigen Weihern der Spekulation entzogen und fachgerecht renoviert werden. Heute ist darin eine wertvolle Zinnfigurensammlung untergebracht.

1977:
Gais AR

Verändern und anpassen mit Mass

Im Frühjahr 1991, 15 Jahre nach der Verleihung des Wakker-Preises für vorbildliche Ortsbildpflege, ist in Gais das Konzept für die künftige Ortsplanung und die Weiterentwicklung der Gemeinde vorgestellt worden. Dieses läuft unter anderem darauf hinaus, der Landwirtschaft auch längerfristig geeigneten Boden zu sichern, das Baulandangebot zu verkleinern und die Grundlagen zu schaffen für eine zurückhaltende Bauentwicklung, welche insbesondere den Anforderungen der Wohnqualität, des Orts- und Landschaftsbildes sowie der Landwirtschaft und des Gewerbes Rechnung trägt. Zudem soll mit der Bezeichnung von kommunalen Schutzobjekten den Schutzanliegen verstärkt Beachtung geschenkt werden. Mit andern Worten: Auch eine preisgekrönte Gemeinde kann sich nicht auf den Lorbeeren ausruhen, sondern muss sich laufend mit neuen Gegebenheiten auseinandersetzen und ihre Bemühungen um ein möglichst intaktes Ortsbild immer wieder veränderten Bedingungen anpassen. In Gais ist man gewillt, die Schutztradition fortzusetzen, am bereits Bewahrten in und um das Dorf festzuhalten und an unausweichliche Veränderungen hohe Gestaltungsanforderungen zu stellen. Denn Auszeichnungen verpflichten...

Feuersbrunst als «Glücksfall»

In der ausserrhodischen Gemeinde zwischen dem Hirschberg und dem Gäbris war man sich allerdings schon lange vorher des Wertes der eigenen Geschichte und ihrer Zeugen bewusst. Doch wollen wir hier nicht vorgreifen. Gais (von Geiss = Ziege), dessen Gegend einst zum Arbonerforst des Bistums Konstanz gehörte und später unter die Herrschaft des Klosters St. Gallen geriet, wird urkundlich erstmals im Jahre 1272 erwähnt. Der Freiheitsdrang der Appenzeller liess sie gegenüber der klösterlichen Obrigkeit allmählich trotzig werden und vereint den Kampf gegen den Abt aufnehmen. Den Höhepunkt bildete am 17. Juni 1405 die Schlacht am Stoss, an der die Gaiser und ihre Frauen massgeblich beteiligt waren. Denn mitten im Streit mit Sensen, Gabeln und andern Geräten sollen bewaffnete Gaiserinnen in weissen Hirtenhemden aufgetaucht sein und mit ihrem Geschrei und Lärm die Truppen des Abtes von St. Gallen in die Flucht getrieben haben. Bewegte Zeiten erlebte die Gemeinde auch im 18. Jahrhundert, als der Abt an allen wichtigen Übergängen Transitzölle erhob. Die Appenzeller verweigerten sie und gerieten, nicht zuletzt wegen Meinungsverschiedenheiten untereinander, im Landhandel von 1732–1734 in bürgerkriegsähnliche Auseinandersetzungen. Erst als der Gaiser Jakob Gruber 1735 zum Landammann gewählt wurde und sich mit seiner ganzen Persönlichkeit für Ordnung und Frieden einsetzte, legten sich die Wogen.

Die nun folgende längere Ruhezeit wurde am 18. September 1780 jäh unterbrochen. Innerhalb von zwei Stunden gingen die Häuser am Dorfplatz samt Kirche und Pfarrhaus sowie die nähere Umgebung in Flammen auf. 39 Wohnhäuser mit ihren Nebengebäuden im Dorf und wegen des Funkenwurfes auch acht Bauernhäuser samt Stadeln auf den umliegenden Anhöhen, im ganzen 70 Firste, wurden eingeäschert. Doch die Bevölkerung liess sich dadurch nicht entmutigen. Unverzüglich wurde unter der Leitung der Baumeister Konrad Langenegger und Hans Jakob Haltiner mit dem Wiederaufbau des Dorfes begonnen. Kirche, Pfarrhaus und Privathäuser wurden in rascher Folge wieder an der gleichen Stelle, wo sie gestanden hatten, neu errichtet. Sieht man vom Baustil ab, bestand der einzige Unterschied zum alten Dorfbild darin, dass bisweilen ein neues Haus über zwei ehemaligen Hofstätten erstellt wurde und man einige Baulücken nicht mehr schloss.

Von langer Hand geplant

Seither hat der Ortskern von Gais unzählige Maler, Kupferstecher und Fotografen beflügelt und gilt neben Trogen als einheitlichstes Ensemble des Appenzellerlandes. Die Saat dafür wurde allerdings schon vor dem Brand und dem Wiederaufbau des Dorfes gestreut. Denn bereits am 4. Oktober 1655 wurde in einem Rechtsspruch vereinbart, dass «den Häusern am blatz oben an der Zilleten vor dem Haus ein Stück Boden von 7 Schuh breit vor der Hausschwelle bis uff den blatz ihnen gehören soll aber ohne verbauen.» Bauverbote und Abstandsvorschriften also, die den malerischen und geräumigen Dorfplatz erst ermöglichten. Nach dem Neuaufbau war sich die Bevölkerung der wiedergefundenen Heimat erst recht bewusst und trug zu ihr Sorge. 1908 griffen die Gaiser zu besonderen Massnahmen, um ihren Dorfplatz zu schützen. Sie gründeten dazu eine Ortsbildkommission, die sich seither für diese Ziele einsetzt und bei den heimatverbundenen Hauseigentümern viel Verständnis für ihre Anliegen findet.

Aber auch die Behörden stellen sich hinter die Bestrebungen, obgleich sich das weitere Umfeld des historischen Dorfteils in den letzten Jahrzehnten erheblich verändert hat. Die 1972 abgeschlossene und zehn Jahre später revidierte Ortsplanung verschonte indessen die Gemeinde davor, in einen unkontrollierten Bausog zu geraten. Ein Baureglement mit weitreichenden gestalterischen Sondervorschriften, ein Fonds zur Erhaltung der Kernzone sowie spezielle Auflagen für Bauwerke an heiklen und für das Ortsbild wichtigen Stellen mag andeuten, was die Gaiser vorgekehrt haben, um ihr altes Dorf in die Zukunft hinüberzuretten. Erwähnt sei auch, dass der Ortskern teilweise fotogrammetrisch festgehalten ist. Dank dieser Unterlagen könnte er im Falle einer neuen Katastrophe oder auch nur durch den Verlust eines einzigen Elementes massstabgerecht rekonstruiert werden.

Ein Schmuckstück von Dorfplatz

Der besondere Charme von Gais beruht einmal in seiner Lage inmitten einer der lieblichsten voralpinen Hügellandschaften der Schweiz, mit dem Säntismassiv als malerischem Hintergrund. Die Siedlung selbst kennzeichnet ein harmonisches Zusammenspiel klassizistischer Bürgerhäuser in verputzter oder geschindelter Riegelkonstruktion mit Walmdächern einerseits sowie vertäferten und geschindelten Strick- oder Blockbauten in traditionell-ländlicher Holzgiebelausführung anderseits. Barockformen und einheimische Zimmermannskunst haben sich hier zu einer reizvollen Einheit verschmolzen und in Verbindung mit Rokoko-Elementen einen eigenständigen Haustyp hervorgebracht. Dieser bestimmt nicht nur den Dorfplatz, sondern wurde als architektonische Idee auch auf die Häuserzeilen westlich und östlich davon übertragen, ja er findet sich sogar in dem vom Dorfbrand verschont gebliebenen Unterdorf.

Als markantester Blickfang am Dorfplatz sticht die von Hans Jakob Haltiner 1781/82 auf den Fundamenten des abgebrannten Gotteshauses erbaute reformierte Kirche hervor. Der äusserlich schlichte Bau beherbergt im Inneren einen festlichen Predigtraum mit onyxgrün getönten Rokoko-Stukkaturen, spätbarocker Holzkanzel und einem neubarocken Orgelprospekt (das Orgelwerk selbst stammt von 1970). Bemerkenswert sind sodann das um die gleiche Zeit erstellte Pfarrhaus, der alte «Ochsen» (heute «Falken») sowie das Mansardhaus von Landessäckelmeister Jakob Gruber, das mit seinem Rokokoportal und dem geschweiften Giebel wohl das schönste Gebäude seiner Art in Gais ist. Zu den beliebtesten Sujets von Touristen und Fotografen gehört die 1803 fertiggestellte Walmdach-Häuserreihe gegenüber der Kirche. Zusammen mit dem stattlichen Kurhaus und Türmlihaus im Nordosten, der «Krone» und dem Fitzihaus an der Westfront, dem Walmdachhaus von Landsfähnrich Bruderer an der Südwestecke und der daran anschliessenden Dreierzeile mit dem Haus «zur Blume» bildet sie einen gediegenen und doch ländlichen Dorfplatz von unwiderstehlichem Reiz. Und wer sich bemüht, das bauliche Erbe von Gais etwas näher unter die Lupe zu nehmen, ist verblüfft ob des handwerklichen Niveaus, das dieses in den Aussendekors und in der Innenausstattung teilweise kennzeichnet.

Über die nähere und weitere Landschaft verstreut liegen die für diese Region typischen Heidenhäuser (auch «Tätschdachhäuser» genannt). Dieser vermutlich älteste Haustyp im Appenzellerland fällt namentlich dadurch auf, dass sein Dach nur schwach geneigt ist und das Gebäude fast immer quer zum Hang steht, also traufständig. Seinen Namen erhielt er vermutlich wegen seiner ungewohnten Form und Plazierung, die man den «Heiden» zuschrieb. Mit rund 50 dieser Häuser, vor allem im Raum Rietli-Schachen und am Stoss-Pass, finden sich in Gais davon mehr als in allen übrigen Gemeinden des Kantons zusammen. Die ältesten Heidenhäuser gehen ins 16. Jahrhundert zurück.

Viehwirtschaft und Textilien

Im Jahr 1850 zählte Gais 2480 Einwohner. Dann stieg die Bevölkerungszahl kontinuierlich und erreichte ihren Höhepunkt 1910 mit 3038 Personen. Nachher setzte eine starke Abwanderung ein, die erst in der Nachkriegszeit abgebremst werden konnte. 1990 wurden hier gut 2600 Ortsansässige registriert. Von den 1070 Erwerbstätigen arbeiten 15 Prozent in der Landwirtschaft, 39 Prozent in der Industrie und im Gewerbe und 46 Prozent im Dienstleistungssektor. Traditionsreichste Erwerbsquelle ist die Landwirtschaft, die sich bis heute zu behaupten wusste und sich vornehmlich der Vieh- und Milchwirtschaft widmet, während der Ackerbau in dem eher rauhen Klima nie recht Fuss zu fassen vermochte. Die Mechanisierung und Rationalisierung der Landwirtschaft hat jedoch die Anzahl der Betriebe in den letzten Jahrzehnten stark schrumpfen lassen, während die Betriebsgrössen und die Viehbestände zugenommen haben. Dafür kennen die hiesigen Bauern kaum Nachwuchssorgen, denn Landwirt sein zählt im Appenzellischen etwas – gesellschaftlich, wirtschaftlich und kulturell. Davon zeugt in Gais nicht zuletzt die grosse Viehschau im September mit ihrem vielfältigen bäuerlichen Brauchtum, das vom Stelldichein bunter Trachten bis zum «Schelleschötte» und «Zäuerle» reicht.

Liebe zum Detail

Vier Wände und ein Dach – Form und Volumen allein machen noch kein Haus aus. Dazu bedarf es mehr, ja einer Vielzahl einzelner Elemente. Erst ihre Verbindung, ihr Ineinandergreifen, ihre Abgestimmtheit bilden seine Individualität und lassen uns ein Gebäude als schön, weniger gelungen oder als hässlich erscheinen.
Eines dieser Elemente ist die Fassade und die Wahl ihrer Materialien – egal, ob Holz, Steinblöcke, verputzte Mauern, Schindeln, Eternitplatten, Ziegel, Beton, Glas, Metall oder Kunststoff verwendet wurden. Das Material widerspiegelt nicht nur die lokalen Rohstoffvorkommen, sondern steht immer auch für eine bestimmte Kultur sowie für die Haltung und den sozialen Stand der Hauseigentümer. Ebenso wichtig ist, wie dieses Material verarbeitet wird, denn Handgefertigtes spricht eine andere Sprache als maschinell Hergestelltes. Nicht weniger bedeutsam sind die Farben. Sie gliedern eine Fassade, setzen Akzente, verbinden oder trennen ein Haus von seinen Nachbargebäuden. Fassaden leben aber auch vom Rhythmus und von der Grösse ihrer Öffnungen, von Türen und Fenstern, von ihrer Beziehung zueinander und von ihrem Verhältnis gegenüber dem Gesamtgebäude.

Und schliesslich sind da all jene grösseren und kleineren Einzelheiten, die sowohl einem konkreten Nutzen dienen als auch rein dekorative Aufgaben erfüllen: Wir denken dabei an Lauben, Balkone, Klettdächer, Windfänge, Vortreppen und Vordächer, an Lampen und Schilder, an in Holz oder Stein gehauene Profile, Ornamente, Figuren, an Fassadenmalereien, Schnitzereien und Sinnsprüche, an die schmiedeisernen Geländer, Fenstergitter usw.

Als schönstes Gebäude seiner Art in Gais gilt dieses 1783 erstellte barocke Mansardwalmdach-Haus von Landessäckelmeister Jakob Gruber. Rokokoportal und geschweifter Quergiebel zeugen von einem selbstbewussten und wohlhabenden Bürgerstand.

Daneben bildet die Textilindustrie mir ihren zahlreichen Branchen seit 300 Jahren den wichtigsten Wirtschaftszweig der Gemeinde. Vor allem zwischen dem 17. und 19. Jahrhundert kam sie hier zu grosser Blüte und verhalf den Bauern, die in ihren Häusern Webkeller einrichteten, zu willkommenem Verdienst. Auch Spinnereien, Zwirnereien, Bleichereien, Färbereien entstanden in Gais, doch behaupten konnte sich in unserem Jahrhundert nur noch die Ätzstickerei. Ausserdem verfügt die Gemeinde über ein bodenständiges Handwerk und Gewerbe, und seit dem 18. Jahrhundert spielt auch der Fremdenverkehr eine wichtige Rolle. Dazu prädestinierte die Ortschaft sowohl das günstige voralpine Klima als auch seine Verkehrslage. Bestanden bereits zuvor gute Strassenverbindungen zu den Markthauptorten der Region, so wurde am 1. Oktober 1889 der fahrplanmässige Betrieb einer Strasseneisenbahn von St. Gallen nach Gais aufgenommen, deren Netz man später bis Appenzell und hinunter ins Rheintal verlängerte.

Von der Molken- zur Bewegungstherapie

Schon vor über 200 Jahren machte Gais als Kurort von sich reden. Grund dafür war die Molke, ein Nebenprodukt der Käseherstellung. Während ihre Heilwirkung unter eingeweihten Einheimischen bereits bekannt war, erlangte sie erst durch einen Arboner Arzt Berühmtheit. Dieser hatte seinem schwer lungenkranken Schwager eine Kur mit Alpenziegenmolke in Gais empfohlen. Und bereits nach vier Wochen konnte der in Zürich als hoffnungsloser Fall aufgegebene Patient beschwerdefrei auf den Gäbris steigen. Das Naturheilwunder machte die Runde, und immer mehr Ärzte verschrieben ihren Kranken, nach Gais zu reisen und dort den heilsamen Saft zu trinken. Der geschäftstüchtige «Ochsen»-Wirt Ulrich Heim (1720–1814), wusste sich die neue medizinische Errungenschaft gegen Schwindsucht und Verdauungsstörungen zunutze zu machen und propagierte Gais als Molkenkurort. Mit Erfolg! Denn schon bald strömten die «Schotteherre» und «Schottetrinker» aus halb Europa herbei und brachten der Gemeinde bis in die zweite Hälfte des 19. Jahrhunderts Arbeit und Geld. Nicht weniger als 57 Wirtschaften, 9 Fremdenpensionen und 26 Bäckereien lebten während der Hochblüte von den Kurgästen, denen im Tag bis zu 16 Gläser Molke verabreicht wurden.

Nun, diese Zeiten sind vorbei, der Ruf von Gais als Gesundbrunnen aber hat die Zeit überdauert. Denn nicht nur besitzt das Dorf seit 1902 ein eigenes Spital und Alterspflegeheim; 1959 wurde hier auch die Klinik für medizinische Rehabilitation eröffnet, die ihren Betrieb inzwischen zweimal erweitert hat. Patienten aus dem In- und Ausland werden in der modern eingerichteten Station einer aktiven Bewegungstherapie unterzogen. Diese schult das Gefäss-System und den Bewegungsapparat mit dem Ziel, schrittweise die natürliche Leistungsfähigkeit des Körpers zu erhöhen. Doch auch ausserhalb seines traditionellen Kurtourismus erfreut sich Gais als Ferienort im Sommer und im Winter sowie als Naherholungs- und Wandergebiet für Wochenendausflügler aus der Agglomeration St. Gallen grosser Beliebtheit.

Linke Seite, oben: Barocke Gebäudereihe an der nördlichen Flanke des Dorfplatzes, wie sie für Gais typisch ist. Entstanden sind diese Werke zimmermannscher Baukunst nach der Feuersbrunst von 1780, als im Ortskern 70 Firste eingeäschert worden waren.

Linke Seite, unten links: Seltener geworden, aber in Gais immer noch anzutreffen sind solche mit handgefertigten Holzschindeln verkleidete Häuser.

Linke Seite, unten rechts: Ortsbildpflege beginnt bei der Festlegung raumplanerischer Ziele und reicht bis zum liebevollen Unterhalt von Einzelelementen am Bau wie Türen, Fenster, Balkone, Reliefs usw.

Rechte Seite: Teilansicht von Gais mit der 1781/82 von Hans Jakob Haltiner erstellten reformierten Kirche. Im Vordergrund die Appenzeller Bahn, die seit 1889 Gais mit St. Gallen verbindet und später bis ins rheintalische Altstätten verlängert wurde.

Wegen seiner gesunden Lage inmitten einer lieblichen voralpinen Hügellandschaft erfreut sich Gais seit über 200 Jahren als Kur- und Ferienort grosser Beliebtheit. Auch Tages- und Wochenendausflügler aus der nahen Agglomeration St. Gallen suchen in diesem herrlichen Wander- und Skigebiet Erholung.

1978:
Dardagny GE

Winzer, Künstler und Städter unter einem Dach

Wer von Genf spricht, denkt meist an die Wirtschafts- und Konferenzmetropole im untersten Léman-Becken, an seine gotische Kathedrale, an Calvin und Rousseau, an aristokratische Geschäftshäuser, grosszügige Quaianlagen oder an den ultramodernen Neubaugürtel, der sich von Meyrin bis Plan-les-Ouates und weiter bis Chêne-Bougeries erstreckt. Dahinter aber tut sich ein Stück Genf auf, das die übrige Schweiz kaum kennt. Zu Unrecht, denn die «campagne genevoise» birgt nicht nur das grösste Weinanbaugebiet unseres Landes, sondern auch zahlreiche landschaftliche und baukulturelle Schönheiten. Eine davon ist das Weinbauerndorf Dardagny, keine 20 Auto-Minuten von der Calvin-Stadt entfernt, am Rande des Vallon d'Allondon mit seinen romantischen Schluchten gelegen.

Ein geschütztes Gebiet

Das urtümliche Tal im Genfer Hinterland mit dem unverbauten Flusslauf und seinen zahlreichen Seitenbächen gehört zu den schönsten Gebieten des Kantons und ist für die Rhonestädter der Naherholungsraum «par excellence». Seine windgeschützte Lage bietet hier Flora und Fauna beinahe südeuropäische Lebensbedingungen. Wasserabschnitte wechseln mit reichen Schilfbeständen, Auenwäldern, Trockenwiesen und wilden Steilufern ab. In ihnen tummelt sich eine Vielfalt von Vögeln, Insekten und Reptilien und gedeihen für unsere Breitengrade teilweise äusserst seltene Pflanzenarten. Seit 1977 steht der ganze Landstrich im Bundesinventar der Landschaften und Naturdenkmäler von nationaler Bedeutung. Am Rande dieses weitläufigen Naturschutzgebietes, auf einem Hügelkamm unmittelbar vor der französischen Grenze, liegt Dardagny. Eine Perle von einem Dorf, das noch heute ganz und gar ländlich geprägt ist und durch die Schlichtheit seiner Bauten den Wanderer besticht. Renommierobjekte fehlen hier weitgehend, sieht man von seinem Schloss ab, dem grössten des Kantons Genf.

Das Schloss im Mittelpunkt

Es fällt einem schwer zu glauben, dass dieser stolze Bau, der das Ortsbild stark dominiert, einst hätte abgebrochen werden sollen. 1655 für Daniel Favre auf älteren Mauern erbaut, 1721 für Jean Vasserot umgestaltet und 1904 von der Gemeinde aus Privatbesitz gekauft, blieb es wegen seines schlechten Zustandes lange verlassen. Ein erstes und pessimistisches Gutachten wollte es opfern und durch ein Schulhaus ersetzen. Das aber brachte weite Kreise in Aufruhr und löste wiederholt und während Jahren Polemiken aus. In der Zeitschrift «Heimatschutz» vom Dezember 1925 wurde dann aber aufgezeigt, wie sich das Gebäude renovieren liesse und dass Kanton und Gemeinde einem solchen Vorhaben gegenüber günstig gesinnt seien. Die Argumente vermochten auch die Skeptiker zu überzeugen, und so beherbergt das Schloss seit 1931 die Büros der Gemeindeverwaltung, Schulzimmer und den alten Festsaal mit seinen originellen Illusionsmalereien im italienischen Stil.
Die Entwicklung der Gemeinde und die Schlossgeschichte sind eng miteinander verknüpft. Während des ganzen Mittelalters war das Lehensgut von Dardagny zweigeteilt. Entsprechend standen sich ursprünglich zwei durch einen Weg voneinander getrennte Gebäude gegenüber, die verschiedenen Geschlechtern gehörten. 1655 vereinigte man sie durch eine Galerie und eine Wendeltreppe und fügte die Ecktürme bei, die den behäbigen Bau seither einfassen. Ab 1723 bauten die Vasserot, Herren von Dardagny, die damals hufeisenförmige Schlossanlage zu einem kompakten Gebäudekomplex um. Die dem Hof zugewandte klassizistische Monumentalfassade mit Balkon auf Säulen und vorgelagertem Eingangstor nimmt sich imposant, ja in dieser bäuerlichen Umgebung fast etwas befremdlich aus. Gartenwärts ist eine grosse Terrasse mit doppelläufiger Treppe angelegt, und das Schloss-Innere birgt ausser den bereits erwähnten Räumen ein prächtiges Treppenhaus mit Louis-XVI-Geländer, Galerien sowie einem Kachelofen in Fayence.

An der Tagesordnung: lokale Scharmützel

Bleiben wir noch etwas in der Vergangenheit Dardagnys, von der uns allerdings relativ wenig überliefert ist. Sicher ist, dass das Gebiet in keltischer Zeit besiedelt war, dass von Genf nach Dardagny ein Weg führte und hier der Römer Dardanus eine Villa errichtete. Auf ihn geht der Ortsname zurück, und die römischen Einwanderer waren es wohl auch, die den Weinbau hierher gebracht haben. Ausser einer Münze und Ziegeln hat man jedoch bis heute in Dardagny und Umgebung keine näheren Spuren von ihnen gefunden. 918, als das nahe Genf längst schon Bischofsstadt geworden war, vermachte die Gräfin Eldegarde ihre Besitztümer im sogenannten Mandement der Kirche. Im 11. Jahrhundert standen sich hier auf kleinstem Raum gleich drei Herren gegenüber: die Noblen von Dardagny, die Bruel bei Roulavaz und die Edlen von Malval. Es versteht sich, dass unter solchen Umständen lokale Scharmützel nicht zu vermeiden waren.

1378 übernahmen in Dardagny die Herren von Confignon das Zepter, denen schon Châteauvieux, Challex und Russin gehörten. Unruhige Zeiten erlebte das Dorf dann im Gefolge von Streitigkeiten zwischen dem Bischof von Genf und den weltlichen Fürsten. Dies zog sowohl gebäuliche Verwüstungen nach sich als auch einen unablässigen Wechsel in den Lehensrechten und damit in den Beziehungen zwischen Freunden und Feinden des Dorfes. So zerfielen die Schlösser von Malval und Roulavaz, und deren Besitztümer gingen allmählich an Genf über, das als Enklave nacheinander von Savoyen, Bern und dem König von Frankreich beherrscht war, im 16. Jahrhundert von Calvin reformiert und schliesslich zur unabhängigen Republik umgestaltet wurde. Nach den politischen Wirren und religiösen Verfolgungen dieser Epoche beruhigte sich die Lage im 18. Jahrhundert, und Dardagny blühte auf. Die Bevölkerung nahm rasch zu, erreichte 1787 385 Einwohner (1724 waren es erst 200 bis 250 gewesen), und die Landwirtschaft machte namentlich in der Viehzucht schöne Fortschritte. Viele Bauern arbeiteten im Winter nebenbei im Uhrengewerbe und verdienten sich so jenen Batzen hinzu, der ihnen einen bescheidenen Wohlstand sicherte und der die Grundlage eines gesunden Gemeinwesens bildete.

Metamorphose des Bauernhauses

Heute präsentiert sich Dardagny als ein typisches Dorf der Genfer Landschaft und verrät, dass seine bäuerlichen Bewohner schon früh recht gut gestellt waren. Die Katasterpläne aus dem 18. Jahrhundert zeigen jedenfalls, dass die Siedlungsstrukturen, wie wir sie jetzt antreffen, im wesentlichen bereits damals ausgebildet waren. Das Strassendorf gliedert sich auf einer Nord-Süd-Achse in zwei Teile, die der Schloss- und Kirchenbereich miteinander verbindet. Daran hat sich seit 1782 erstaunlich wenig geändert. Beidseits der Hauptstrasse und umrahmt von Gärten, weiten Ackerfeldern, von Rebgelände und Wäldern reihen sich die typischen Bauernhäuser der Region, denen der Einfluss des nahen Frankreichs anzumerken ist.

Die meist rechteckigen Breitgiebelhäuser aus Stein vereinigen Wohnungen, Scheune und Stall unter einem Dach, wobei der Wohntrakt oft vom Wirtschaftsteil getrennt ist. Das traditionelle Hauptgebäude umgürten Backöfen, Keller und Speicher, Schöpfe und Remisen, Rebhäuschen sowie Hühnerställe. Da Schmuckformen durchwegs fehlen, wirken die Häuser recht nüchtern. Ihren Charakter bestimmen die Masse und die verwendeten Baumaterialien. Im Gegensatz zu andern Gemeinden des Kantons bestehen hier nämlich die Häuser vorwiegend aus Felsstein und nicht aus Molasse. Das ausladende Dach mit seinen Rundziegeln schützt die kalkverputzten Fassaden, die unterbrochen sind von wuchtigen Bogentoren und kleinen Fenstern. Da und dort klettern Efeu und Rosen die Mauern empor, prangen Blumen von Fenstern. Wachsender Wohlstand zu Beginn des 19. Jahrhunderts gestattete es den Eigentümern, ihre Häuser zu vergrössern und aufzustocken. Aus dieser Zeit stammen die stattlicheren Scheunen, die immer grössere Ernten aufzunehmen hatten, sowie mehrheitlich die Aussentreppen, die zur Wohnung führen. Auch wurden nun die Dächer mit Flachziegeln abgedeckt. Und das von Tragbalken gestützte und weit vorkragende Vordach schuf zusätzlich geschützte Arbeits- und Abstellflächen vor dem Haus und im Hof. Um die Jahrhundertwende mischten sich dann unter die bäuerlichen Liegenschaften mehrere Bürgerhäuser, und in der jüngeren Vergangenheit sind im Westen des Dorfes auch neue Wohnquartiere entstanden. Seit gut dreissig Jahren ist man dazu übergegangen, einen Teil der historischen Bauernhöfe ihrer ursprünglichen Funktion zu entledigen und sie andern Nutzungen zuzuführen. Leider entwickeln dabei die neuen Besitzer – meist vermögendere Rhonestädter – nicht immer den besten Geschmack, «veredeln» die Bauernhäuser zu luxuriösen Villen und verunzieren sie oft auch mit nostalgischem und pseudorustikalem Tand.

Insel der Musen

Ausser dieser bäuerlich-ländlichen Bausubstanz und dem Schloss ist in Dardagny die protestantische Kirche architektonisch bedeutsam. Mit ihrem achteckigen Türmchen stellt sie jenen Gotteshaus-Typus dar, wie er im 18. Jahrhundert für den Kanton Genf charakteristisch war. 1723 anstelle der zerfallenen mittelalterlichen Kirche als Privatkapelle errichtet und 1914 um einen Portalbau erweitert, ist der schlichte Bau mit klassizistischer Fassade in diesem Jahrhundert von Eric Hermés neu ausgestattet worden. Einen Blick zu werfen lohnt sich auch auf das im Norden der Gemeinde gelegene Landhaus aus dem 18. Jahrhundert. Man erreicht es vom Dorfbrunnen aus auf dem Rundgang durch das malerische Oberdorf, dessen Höfe sich im Zentrum um einen gartenähnlichen Park gruppieren. Das originelle Gebäude gehörte dem Künstlerehepaar Armand und Emilie Leleux-Giraud, die im Winter in Paris tätig waren, sich aber während der

Jeder Region ihr Bauernhaus

Zu den Hauptmerkmalen der schweizerischen Baukultur gehört ihre Vielfalt. Dies trifft insbesondere auf das Bauernhaus zu, das sich von Gegend zu Gegend im Volumen, in der Form, der Aussengestaltung, der inneren Raumstruktur, der Materialwahl usw. unterscheidet. Aber auch das Klima, die Bewirtschaftungsformen sowie die politische und rechtliche Entwicklung haben das ländliche Bauen beeinflusst. Ein Beispiel dafür ist das Genfer Bauernhaus, wie es noch heute Dardagny prägt.

Wir finden hier vor allem zwei Haustypen, deren Giebel man übrigens windseitig ausrichtete und die man eng zusammenrückte, um sich vor den extremen Winden besser zu schützen: das Vielzweckhaus, welches Wohnung, Stall und Scheune unter einem Dach vereinigt, und das vom Wirtschaftsteil getrennte bäuerliche Wohnhaus. Das Vielzweckhaus erscheint in zwei Formen:

• Meistens ist es in die Breite gestaffelt; Stall, Tenne und Wohnteil sind nebeneinander angeordnet und reichen von der Strassen- bis zur Garten-Fassade.

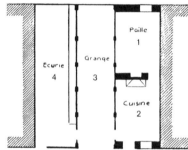

• Bei den seltener anzutreffenden, kleineren Bauten, die bis ins 16. Jahrhundert zurückgehen und nur als Reihenhäuser auftreten, sind die drei Elemente in die Tiefe gegliedert; Stall und Tenne liegen zur Strasse hin, die Wohnräume dahinter an der Gartenfront.

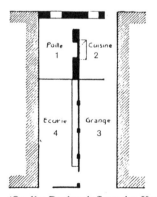

(Quelle: Denkmalpflege des Kantons Genf)

In beiden Fällen wird die Hauptfassade beherrscht von wuchtigen Torbogen. Diese erlaubten es, Getreide-, Heu- und Traubenbottichwagen in die Tenne einzufahren. Die Haustüre führt direkt in die Wohnküche, und oft ist eine Aussentreppe in den 1. Stock angebracht. Nebenbauten wie Backofen, Speicher, Rebhäuschen, Hühnerstall usw. ergänzten das Hauptgebäude.

Eingebettet in die Reblandschaft des Genfer Hinterlandes erhebt sich, einem erratischen Block gleich, das mächtige Schloss von Dardagny. Ursprünglich bestand der Komplex aus zwei gegenüberliegenden Festungen. Im 17. Jahrhundert wurden sie vereint.

Sommermonate ins Genfer Hinterland zurückzuziehen pflegten. Zu ihrem Freundeskreis und zu ihren ständigen Gästen in Dardagny zählten so bekannte Maler wie Camille Corot und Charles-François Daubigny; der erste hat dem Weinbauerndörfchen sogar ein Bild gewidmet, das heute zur Sammlung des Metropolitan Museums von New York gehört: «Ruelle de village».

Von Leleux und Corot werden übrigens noch heute im Dorf köstliche Anekdoten herumgeboten. So sollen die beiden bei ihrem ersten gemeinsamen Spaziergang durch die Felder dem «Maire» (dem Gemeindepräsidenten) begegnet sein. Während Leleux auf diesen zuging und ihn begrüsste, entfernte sich sein berühmter Gast, um etwas abseits rasch eine Landschaftsszene zu skizzieren. Als das Gemeindeoberhaupt Leleux' Begleiter bemerkte, fragte er ihn: «Nun, Monsieur Leleux, Sie haben sich wohl einen Lehrling genommen!» Später bewohnte die Tochter von Leleux, Berthet, die «chère maison», und während dieser Zeit gingen im Landhaus Musiker wie Jules Massenet und Camille Saint-Saëns sowie der Genfer Dichter Jean Marteau ein und aus.

Im Herzen des Weinbaugebietes

Seither hat sich freilich auch in Dardagny manches geändert. Vorbei sind die Zeiten, wo die Landwirte jeden Herbst ihre Rinder zur lokalen Viehschau geleiteten. Es gibt heute keine einzige Kuh mehr im Dorf. Die einst vielschichtige Landwirtschaft konzentriert sich in 30 Betrieben nur mehr auf den Wein- und Ackerbau. Mit einer Rebfläche von 192 Hektaren (1960 waren es erst 101 Hektaren) ist Dardagny heute nach Satigny das bedeutendste Weinbauerndorf im Kanton. Und auf einem Grossteil der einstigen Wiesen werden nun Weizen, Gerste, Raps, Mais und neuerdings auch Soja angebaut, während die Kartoffeläcker von der Bildfläche verschwunden sind. Dafür haben sich in den letzten Jahren vermehrt Kunsthandwerker in Dardagny niedergelassen, nebst Bildhauern, Malern,

einem Keramiker und einem Filmer. Sie setzen die traditionelle Verbundenheit des Dorfes mit den Kunstschaffenden fort. Im Gemeindeteil von La Plaine, wo sich wegen der nahen Rhone schon im Mittelalter Müller und Schmiede niedergelassen hatten, ist im Laufe der Zeit – dank der Bahnlinie – auch eine Industriezone entstanden, deren bedeutendstes Unternehmen sich der Aroma- und Parfumfabrikation widmet.

Die wirtschaftliche Umstrukturierung begleitet hat auch eine solche der Bevölkerung. Zählte Dardagny 1850 noch 462 Einwohner, waren es 1990 schon 1088. Den grössten Zuwachs verzeichnete die Gemeinde in den letzten zehn Jahren, denn immer mehr Genfer scheinen der Stadt müde geworden zu sein, die nahe Idylle am Rande des Allondon entdeckt und hier eine alte «ferme» erstanden und sie zur «résidence» umfunktioniert zu haben. Andere vermochten sich am Dorfrand ein Stück Land für ein neues Einfamilienhaus zu sichern, wo 1961 ein Teil der Landwirtschaftszone für diesen Zweck ausgeschieden worden war, 20 Jahre später aber wieder rückgezont wurde. Mangels preisgünstiger Wohnungen für Jungverheiratete und um der Entvölkerung zwischen 1950 und 1980 zu begegnen, liess die Gemeinde eine Mehrfamilienanlage mit 20 Wohnungen erstellen. Sie stehen Leuten zur Verfügung, die ganzjährig im Dorf arbeiten. Älteren Ursprungs ist der kollektive Wohnungsbau im Gemeindeteil La Plaine, wo schon früh kleine Häuser für die Arbeiter des dort tätigen Fabrikpersonals entstanden und denen später genossenschaftliche Mehrfamilienhäuser folgten.

Linke Seite, oben: Mit seinem achteckigen Türmchen vertritt der «Temple» (Kirche) von 1723 auf dem verträumten Dorfplatz jenen Kirchentypus, wie er im 18. Jahrhundert im Kanton Genf weit verbreitet war. Der Portalanbau stammt von 1914.

Mitte: Echte oder vorgetäuschte ländliche Welt? Auf den ersten Blick lässt sich das nicht immer ausmachen, zumal dort, wo Nostalgie die Hand im Spiel hat.

Unten: Grosser Wert wurde im Dorfkern von Dardagny auf die Erhaltung der vielfältigen Frei- und Grünräume zwischen den einzelnen Liegenschaften gelegt. So dienen sie noch heute als Gärten und kleine Parkanlagen.

Rechte Seite: Licht- und Schattenspiele in einem der romantischen Gässchen. In den letzten Jahren sind die alten Häuser immer mehr zur Oase von Pendlern geworden, die hier wohnen und im nahen Genf arbeiten.

Oben links: Wo einst Bauern und Handwerker ansässig waren, haben sich längst neue Nutzungen breitgemacht – Läden, Kunstateliers, Galerien usw. Denn schon immer hat Dardagny Künstler angezogen, worunter berühmte Maler und Musiker.

Oben rechts: Die Umgestaltung der alten Bauernhäuser – ob mit mehr oder weniger gutem Geschmack – ist oft die einzige Möglichkeit, diese Gebäude wenigstens in ihrer äusseren Substanz zu bewahren.

Unten: Das 1904 von der Gemeinde erworbene Schloss, in dem heute die kommunale Verwaltung untergebracht ist, birgt unter anderem einen Festsaal mit Illusionsmalereien sowie ein prächtiges Treppenhaus mit Louis-XVI-Geländer (im Bild).

1979:
Ernen VS

Auch Pflegen will gelernt sein

Nicht immer seien in Ernen die Bestrebungen zum Schutz des überlieferten Ortbildes bei der Bevölkerung auf Freude gestossen, mussten sie doch dafür mit der höchstmöglichen Steuerbelastung rechnen, meinte der seinerzeitige Gemeindepräsident, Josef Carlen, anlässlich der Wakker-Preis-Feier vom 14. Juli 1979. Denn die zahlreichen Arbeiten auf diesem Gebiet hätten der nur 350 Einwohner zählende Gemeinde grosse finanzielle Opfer abgefordert, die ohne Bundes- und Kantonshilfe mehr als zwei Millionen Franken ausgemacht haben dürften. Gleichwohl war und ist man in Ernen entschlossen, auf dem eigeschlagenen Weg fortzufahren und die Zeugen einer grossen Vergangenheit aufzufrischen und lebendig zu erhalten. Zumal man inzwischen erfahren hat, dass sich diese Anstrengungen bezahlt gemacht haben und das Dorf an touristischer Attraktivität gewonnen hat.

Am Schalthebel der grossen Politik

Aus Gräberfunden schliesst man, dass das Goms und Binntal schon in frühgeschichtlicher Zeit eine wichtige Rolle im Verkehr spielten. Einer der Knotenpunkte war Ernen (aus dem gallischen «Aragnon», später Ärnen), das sich im Mittelalter zur bedeutendsten Siedlung der Region entwickelte. Es war Durchgangsort für den Reiseverkehr zwischen Furka, Grimsel und Albrun und verband damit den Nordalpenraum mit Oberitalien. Ernen war Warenumschlagplatz, Marktflecken, Hauptort des Zendens «ob Deisch uff» (Goms), Sitz der Bezirksgerichtsbarkeit, Gefängnisstandort. 1123 wird erstmals das Schloss der Ritter von Aragnon und Mühlebach erwähnt. Nach langwierigen Händeln mit wechselnden Besitzverhältnissen zwischen verschiedenen adeligen Familien zerfiel die ehemalige bischöfliche Meierei «von Deissberg uf» in der zweiten Hälfte des 14. Jahrhunderts in die Majorate Ernen und Münster, die sich lange befehdeten und sich schliesslich auf einen jährlich alternierenden Meier einigten. Ernen aber blieb Hochgerichtsstätte.

Politik von europäischer Bedeutung ging im Spätmittelalter vom Untergoms aus, als seine begabtesten Söhne höchste Ämter übernahmen. Allen voran steht der Erner Walter Supersaxo, der als Bischof von Sitten den alten Erbfeind Savoyen in die Schranken wies, zum Genfersee vordrang und so im Wallis die Expansion der deutschsprachigen Kultur einleitete, die bis zur Französischen Revolution anhielt. Und Bischof Matthäus Schiner von Mühlebach verteidigte das Wallis gegen die Franzosen, um später als Kardinal im Dienste von Papst und Kaiser bedeutende diplomatische Aufgaben zu erfüllen. Während der Reformation versuchte Bern von der Waadt her, den neuen Glauben ins Rhonetal hineinzutragen, vermochte jedoch im Goms wenig auszurichten. Das einfache Volk hielt hier unerschütterlich am Katholizismus fest und wurde darin auch immer wieder von Gesandten aus der Urschweiz unterstützt. Um den alten Glauben haben sich die Erner besonders verdient gemacht. Denn während des Kampfes gegen die «lutherische sect» stellten sie mehrmals den Vorsitzenden des Landrates der Republik Wallis und gewannen damit grossen Einfluss auf das politische Geschehen.

Blüte, Niedergang und Wiedergeburt

Dennoch: Zu Beginn des 17. Jahrhunderts war der Bestand des Katholizismus im Wallis noch keineswegs gesichert. Um dem nachzuhelfen, schickte der Rat von Luzern fünf Priester ins Wallis, einen von ihnen nach Ernen. Dieser holte 1608 die Jesuiten in seine Gemeinde, die hier eine Lateinschule eröffneten. Aber wie schon die Augustinerinnen 300 Jahre vor und die Kapuziner 130 Jahre nach ihnen, gaben die Jesuiten ihr Unternehmen nach kurzer Zeit wieder auf und zogen nach dem zentraler gelegenen Venthen. Nach den politischen Wirren der Schiner-Zeit und den religiösen Streitereien kehrte Ruhe und Friede im Lande ein. «Die Pensionen fremder Fürsten flossen reichlich, Handel und Verkehr blühten. Dank der Zolleinnahmen machte die Zendenkasse jährlich einen Überschuss und konnte Geld an die Gemeinden verteilen. Ein wildes Baufieber liess unzählige Häuser und kirchliche Gebäude entstehen», weiss Pfarrer Josef Lambrigger aus Ernen über das ausgehende 17. und 18. Jahrhundert zu berichten. Bis in diese Zeit war übrigens die lateinische Sprache in Ernen ziemlich geläufig und wurde selbst von Bauern gesprochen.

Mit der Französischen Revolution brach die alte Republik Wallis zusammen, und auch für die Erner begannen wieder härtere Zeiten. Immer mehr Einwohner zogen fort und suchten in den Städten ihr Glück, mancher Weiler starb aus und zerfiel. Die einst wohlhabende Gemeinde mit ihrem kräftigen Bauernstand, wo jede Familie ihr Brot selbst backte, verarmte. 1860 geriet sie mit der Verlegung der Furkastrasse auf die rechte Rhonetalseite auch verkehrsmässig ins Abseits. Dies änderte sich erst wieder nach dem Zweiten Weltkrieg, als Ernen von den Touristen entdeckt wurde und sich rasch zu einem gesuchten Ferienort entwickelte. Inzwischen bildet der Fremdenverkehr, neben einer erstaunlich widerstandsfähigen Landwirtschaft, das Rückgrat der hiesigen Wirtschaft. Insbesondere im Sommer erfreut sich Ernen als Ausgangspunkt eines abwechslungsreichen Wandergebietes ebenso grosser Beliebtheit wie als Durchführungsort von Meisterkursen und Konzertwochen mit Spitzenmusikern aus aller Welt. Nicht zuletzt suchen kunstgeschichtlich interessierte Passanten die heimelige Ortschaft auf.

Verträgliches Nebeneinander

Denn so schmerzlich die Isolierung Ernens im letzten Jahrhundert für seine Bewohner gewesen sein mag, so günstig hat sie sich rückblickend auf das kulturelle Vermächtnis der Gemeinde ausgewirkt. Sicher: Im Zuge der touristischen Entwicklung der letzten Jahrzehnte mussten auch hier Konzessionen gemacht werden, die manches Gemüt erhitzt haben. Dazu gehört eine neue Wohn- und Feriensiedlung am südwestlichen Rand der Gemeinde. Locker angeordnet und angelehnt an die traditionelle Bauweise in flachgiebliger Holzkonstruktion mit Steinsockel, fügt sie sich zwar architektonisch recht gut in die alte Kulturlandschaft und verträgt sich auch mit dem ursprünglichen Ortsbild. Der anbiedernde Stil hat aber auch zu Widerspruch gereizt, zumal diese Häuser – wie die meisten Neubauten in der Gemeinde – vorwiegend Auswärtigen gehören, von diesen als Zweitwohnungen benützt werden und daher nur zeitweise besetzt sind. Dessen ungeachtet, hat man sich in Ernen schon aus beschäftigungspolitischen Gründen stets dagegen gewehrt, sich von den Kantonsbehörden alle Entwicklungsmöglichkeiten versperren und die Bauzonen einschränken zu lassen.

Dafür hat sich die Gemeinde für den historischen Dorfteil schon 1932 ein strenges Baureglement gegeben, was damals selten war. Es wurde im Laufe der Jahrzehnte verschiedentlich angepasst und verfeinert. So bestimmt es heute, dass bestehende Bauten nur unterhalten und lediglich in Ausnahmefällen abgeändert werden dürfen. Unter dem Titel «Orts- und Landschaftsschutz» wird zum Beispiel verlangt, dass jede bauliche Veränderung, jede Terrainverschiebung, jede Reklame und andere Einrichtung so in ihre Umgebung einzugliedern sei, dass eine gute Gesamtwirkung entstehe. Insbesondere hätten sich Neu- oder Umbauten dem Gesamtbild des Dorfes anzupassen. In unmittelbarer Nähe geschützter oder wertvoller Bauten sei eine einwandfreie Gestaltung erforderlich, und bestehende Bauten seien so zu unterhalten, dass sie das Ortsbild nicht beeinträchtigten. Doch Ernens heimatschützerische Bemühungen erschöpften sich nie im reinen Planungsdenken.

Haus für Haus aufgefrischt

Besondere Sorgfalt widmet die Gemeinde seit jeher dem Unterhalt und der Pflege ihrer historischen Bausubstanz. Was sie diesbezüglich als kleines Bergdorf geleistet hat, ist erstaunlich und liegt weit über dem Durchschnitt. Bereits 1943 wurden die Mauern und Fresken von Schulhaus, Sigristenhaus, Tellenhaus und der Wirtschaft St. Georg renoviert. 1952 folgten das Zendenhaus und der zweite Teil des alten Schulhauses, 1954 war das Backhaus an der Reihe. Drei Jahre später erwarb die Gemeinde das Tellenhaus und stellte dieses instand, von 1964 bis 1968 erfuhr die Pfarrkirche eine Totalauffrischung. In ästhetischer Hinsicht ein wichtiger Schritt war 1970 der Beschluss, sämtliche Freileitungen innerhalb des Dorfes zu verkabeln und eine Gemeinschaftsantenne zu errichten. 1969 wurde der Zonenplan erstellt und 1967 die Wohnung mit Deckenmalereien im Sigristenhaus sowie die barocke Malerei des Kapuzinerhauses gekauft. Schliesslich wurden 1978 das Pfarrhaus erneuert und die notwendigen Massnahmen zur Erhaltung des alten Galgens in die Wege geleitet. Aber auch nach der Wakker-Preis-Verleihung sind die Anstrengungen keineswegs erlahmt, sondern man hat weitere Objekte aufgefrischt.

Heute darf sich Ernen rühmen, einen der schönsten Dorfkerne unseres Landes zu besitzen. Neben einer verschwenderisch ausgestatteten Kirche sind hier alle wichtigen Haustypen des Goms vereinigt – für den Volkskundler und Hausforscher also eine wahre Fundgrube. Sehen wir sie uns kurz an und beginnen wir mit der spätgotischen Kirche St. Georg, von deren Terrasse aus das ganze Untergoms mit der Rottenschlucht und den Eingängen zum Fiescher- und Binntal zu überblicken ist. Der äusserlich schlichte Bau ist 1214 erstmals erwähnt und 1510–1518 durch Ulrich Ruffiner neu errichtet worden. Seine nüchterne Westfront mit dem 13stufigen Zugang prägt das Dorfbild schon von weitem, und der spitze Turm ragt wie eine Flamme in den Himmel. Im Gegensatz dazu wirkt das Innere des Gotteshauses durch die tiefliegende Holzdecke breit und gedrückt, strahlt aber Wärme aus. Der künstlerisch anspruchsvolle Schmuck stammt vom 14. bis 18. Jahrhundert, wobei der Rokoko-Hochaltar mit einem Bild des Heiligen Georg, die geschnitzten Seitenaltäre sowie eine seltene hochgotische Pietà-Darstellung heraus-

Von Ställen, Stadeln und Speichern

Im Gegensatz zu andern Landesteilen kennt man im Wallis den traditionellen Mehrzweckbau nicht. Jedes Gebäude dient hier einer bestimmten Nutzung. Dementsprechend sind diese Gebäude auch sehr unterschiedlich konstruiert. Schauen wir uns die drei wichtigsten bäuerlichen Wirtschaftsbauten einmal an:

• Die Stallscheune besteht aus einem gemauerten Sockel, in dem der gut isolierte Stall untergebracht ist, und aus einem Überbau aus Holz in lockerer Blockbauweise als Heulager.

• Der Stadel steht auf hölzernen Stelzen, auf denen grosse runde Steinplatten ruhen. Seine Bohlen liegen weniger dicht aufeinander, damit das Gebäudeinnere gut durchlüftet wird. Die

Stelzen halten Schnee und Feuchtigkeit vom Boden fern, und mit den Steinplatten wurde den Nagern der Zugang zu den darin aufbewahrten Getreidegarben versperrt.

• Sorgfältiger gebaut ist der Speicher, in dem Korn, Trockenfleisch, Brot, oft auch die Festtagskleider und Dokumente aufbewahrt wurden. Denn man glaubte diese Güter in ofenlosen Gebäuden sicherer versorgt.

• In tieferen Lagen findet man noch die Rebhäuser. Sie wurden von den einst in höheren Regionen lebenden Rebbergbesitzern als vorübergehende Unterkunft während des Rebbaus und der Traubenernte benützt.

Am südwestlichen Dorfeingang von Ernen ist in der jüngeren Vergangenheit eine neue Feriensiedlung entstanden. Bei ihren Häusern wurde in Volumen, Form und Material unverkennbar die Sprache des traditionellen Walliserhauses übernommen.

ragen. 1964 wurden an den Wänden alte Gemäldebruchstücke freigelegt. Im Untergeschoss, dem ehemaligen Beinhaus, ist der Kirchenschatz mit kostbaren Werken vom 15. bis 18. Jahrhundert untergebracht.

Stelldichein der Gomser Baukunst

Nahe der Kirche stossen wir auf die ältesten Häuser, die sogenannten «Heidehischer», die an ihrer charakteristischen Giebelkonstruktion mit dem Heidenkreuz zu erkennen sind. Zwischen 1500 und 1630 wurde vor allem rund um den «Hengert» in der Dorfmitte gebaut, während sich die Bautätigkeit im 17. und 18. Jahrhundert auf den westlichen und östlichen Gemeindeteil und im 19. Jahrhundert auf den nördlichen konzentrierte. Was Ernen von andern Siedlungen der Region besonders unterscheidet, ist das harmonische Nebeneinander verschiedener Haustypen. Während das Obergomser Haus mit Ausnahme des Sockels aus Holz gezimmert ist, charakterisiert sich das Untergomser durch ein zusätzliches Steingeschoss unter dem Wohnstockwerk. Später ging man dazu über, auch an eine der hölzernen Traufseiten eine Steinflanke anzubauen, um dadurch mehr Wohnraum zu gewinnen. Damit erreichte man gleichzeitig, dass das Gebäude äusserlich wesentlich herrschaftlicher wirkte. Beispielhaft dafür ist das Jost-Sigristen-Haus aus dem 16. Jahrhundert. Typisch für Ernen sind auch die zahlreichen kleinen Plätze mit Brunnen und Gärten, die die engen Gässchen und Strassen auflockern und ihnen Licht und eine gewisse Grosszügigkeit verleihen. Der stolzeste von ihnen ist der «Ober Hengert», der noch bis 1936 mit Gras bewachsen war und auf dem die Erner einst ihre Volksversammlungen abhielten und sich zum Sturm gegen die Feudalherren rüsteten.

Ihn umringen eine Reihe prächtiger Gebäude. Da ist einmal das «Tellehüs» von 1576 mit einer volkstümlichen Freske. Es diente einst als Sust, und man munkelt, Goethe sei hier am 1. November 1779 abgestiegen. Heute wird das stimmungsvolle Gebäude als Gemeindehaus benützt. Gleich nebenan steht das Gasthaus St. Georg (1535). Es soll wegen vermeintlichen Spuks lange gemieden worden sein, wovon allerdings niemand mehr etwas merkt. Von Landeshauptmann Matthäus Schiner stammt das etwas zurückversetzte Schiner-Haus (1603). Gegenüber liegt das ehemalige Burgerhaus von 1538, dessen Fassaden der Zürcher Kunstmaler Henri Boissonnas 1943 geschmückt hat. Wie ein erratischer Block in fremder Umgebung mutet daneben das ganz aus Stein bestehende Zendenrathaus von 1750–1762 mit seinen Kerkerzellen und der Folterkammer an, worin einst gegen «Diebe und Hexen» prozessiert wurde.

Am «Unner Hengert» mit dem bereits erwähnten Jost-Haus lohnt sich auch ein Blick auf das Hengart-Haus (1584), wo die Handelsreisenden über den Albrunpass mit ihren Pferden pausierten, und auf die Wirtschaft zur Linde aus dem Jahre 1552. Nicht weniger sehenswert sind das Matlis-Schiner-Haus (1631), das 1677 erstellte Vorschutz-Haus, das Michel-Haus (1686), das Pfarrhaus von 1733 sowie die originelle Kaplanei von 1776, die mit einem kleinen Speicher eine hübsche Einheit bildet. Etwas ausserhalb des Dorfes finden sich noch heute die 1703 aufgepflanzten Säulen des Zendengalgens, um den eine köstliche Anekdote über den Eigenständigkeitsdrang der Erner kreist. Als nämlich hier einmal ein fremder Bösewicht hätte hingerichtet werden sollen, wehrten sich die Erner: «Der Galge isch fir insch und inschi Lit und nit fir jede fremda Hudel.» Worauf der Übeltäter des Landes verwiesen wurde...

Konnte sich die nähere und weitere Umgebung dem anhaltenden touristischen Druck nicht entziehen, so ist der alte Ortskern eine Perle geblieben. Hier sind auf kleinstem Raum alle wichtigen Haustypen des Obergoms vereinigt.

Links: Womöglich werden bei der Erneuerung von Altliegenschaften ursprüngliche Baumaterialien – bei Dächern zum Beispiel Steinplatten – verwendet, auch wenn dies häufig mit Mehrkosten verbunden ist.

Rechts: Bis 1936 war der architektonisch eindrücklichste Platz Ernens, der «Ober Hengert», mit Gras bewachsen. Auf ihm wurden einst die Volksversammlungen abgehalten und rüsteten sich die Einwohner zum Sturm gegen die Feudalherren. In der Bildmitte ist das Haus von Matthäus Schiner (1603) zu sehen.

Oben: Ob Bauern- oder Patrizierhaus, in Ernen erzählt fast jedes Gebäude Geschichte. Das sogenannte «Tellehüs» (1576) diente früher als Sust, und man sagt, hier sei 1779 J.W. von Goethe während seiner ersten Schweizerreise abgestiegen. Die Fassade des gemauerten Sockels trägt ein Fresko mit Tells Apfelschuss.

Rechts: Wo Kinder noch ungefährdet Kinder sein können: ein zum Spielplatz umgestalteter Hinterhof im Dorfkern. Wer hätte da nicht Lust ebenfalls mitzuschaukeln...?

1980:
Solothurn SO

Im Dienste der Lebensqualität

Mit seinem Gedicht «Ratzenburg will Grossstadt werden» geisselte Gottfried Keller Solothurns grössten Fehltritt: den Abbruch des alten Schanzenrings rund um die Stadt. Grünes Licht zu diesem 70 Jahre dauernden Sanierungswerk hatte der Grosse Rat gegeben. Im Bestreben, für die mehr als verdoppelte Einwohnerschaft neue Wohnquartiere ausserhalb des historischen Kerns herzurichten und für einen zweiten Bahnhof Platz zu gewinnen, mussten auf sein Geheiss hin verschiedene Schanzen, Türme und Tore der Fortschrittsgläubigkeit der aufziehenden Moderne geopfert werden. Von den elf Schanzen, die die Stadt einst beschützten, überlebten die Aktion nur gerade zwei.

Dem Alten und dem Neuen offen

Inzwischen sind sich Behörden und Einwohner Solothurns des Wertes ihres geschichtlichen Erbes im klaren. Und sie pflegen dieses liebevoll wie ein Kind. So konnte der damalige Stadtammann anlässlich der Wakker-Preis-Verleihung vom 21.Juni 1980 glaubhaft beteuern: «Solothurn – die kleine Stadt mit grosser Tradition, diese Stadt mit ihrer aussergewöhnlichen kulturellen, baulichen und menschlichen Substanz wird Solothurn bleiben. Sündenfälle im Ausmass des Schanzenabbruchs wird es nach menschlicher Voraussicht bei uns nicht mehr geben.» Und in der Tat: Wer sich an einem Frühlingstag das Vergnügen leistet, durch Solothurn zu schlendern, dem öffnet sich eine Welt voller Zauber und Überraschungen. Die Provinzstadt am Fuss des Weissensteins, wo einst der begehrte Solothurner Kalkstein abgebaut wurde, gibt dem Besucher Erlesenheiten preis, die der eilige Passant hinter dem kantonalen Wirtschafts- und Verwaltungszentrum kaum vermutet. Gassen und Häuserfronten versetzen den Betrachter beinahe ins aristokratische Frankreich, beeindrucken, entzücken, erfreuen ihn. Und sie machen ihm bewusst, dass er nicht träumt, dass er hier mit eigenen Sinnen lebendig gebliebene Geschichte nachvollzieht. Eine Geschichte, auf die die Solothurner stolz sind und aus welcher Tradition und Treue zu überlieferten Werten ebenso sprechen wie der vorwärtsstrebende, aufklärerische und humanitäre Geist der Neuzeit.

Die hiesige Bevölkerung weiss, was sie an ihrem Städtchen hat und dass Lebensqualität für sie mehr bedeutet als politische Schaumschlägerei kurz vor den Wahlen. Sie ist ihr Daueraufgabe, umfassendes Programm. Es beinhaltet den Lebensraum als Ganzes und beginnt dort, wo die Fassadenkosmetik aufhört. Und die Steuerzahler lassen sich das auch gerne etwas kosten – wie überall, wo Kulturpolitik nicht einem Alibidenken entspringt. So hat hier die Einwohnergemeinde in den letzten zwanzig Jahren allein für den Erhalt kultureller Werte, für die Sicherung historischer Bausubstanz und für Natur- und Heimatschutzobjekte Investitionen und Beiträge von mehreren Dutzend Millionen Franken geleistet. Damit wartet die Ambassadorenstadt mit einem weit über dem Landesdurchschnitt liegenden Aufwand auf. Man merkt es auch auf Schritt und Tritt. Hier wurden in der Nachkriegszeit reihenweise gefährdete Gebäude gesichert, renoviert und wiederbelebt, Plätze und Strassen neugestaltet, die Nutzungsdurchmischung im Stadtzentrum vorangetrieben, die städtischen Grünanlagen ausgebaut und das Aareufer durch teilweise Umzonungen öffentlich zugänglich gemacht. In der Innenstadt wurden Tages- und Nachtsperren für den Motorfahrzeugverkehr errichtet und die Fussgängerbereiche ständig erweitert, der öffentliche Verkehr wurde gefördert und eine gegenüber Privaten wohlwollende und motivierende Subventionspraxis verfolgt, kurz: es wurde eine Heimatschutzpolitik aufgebaut, die das architektonische Erbe respektiert und dennoch dem guten Neuen offen gegenübersteht.

Dreitausend Jahre Geschichte

Das Siedlungsbild von Solothurn mit seinen bunten Kontrasten widerspiegelt eine über dreitausendjährige Geschichte. Denn schon in der jüngeren Steinzeit lag die Stadt und ihre Region an der Grenze

zwischen dem westlichen und östlichen Kulturraum. Ihre ersten nachweisbaren Bewohner waren die Kelten, von denen der Ort auch seinen Namen hat: Salodurum. Er bezeichnete die befestigte Brückensiedlung des Keltenfürsten Salos am Aare-Engpass zwischen Jura und Bucheggberg. Während der vorchristlichen Römerzeit blieb der Ort ein kleiner Marktflecken, entfaltete sich dann aber bis zum Einbruch der Alemannen im Jahr 260 n. Chr. beachtlich. Die kriegerischen Auseinandersetzungen der folgenden Jahrzehnte liessen bei der Garnisonstadt ein Festungssystem entstehen, das den Aareübergang zu schützen hatte. Dank diesem Castrum Salodurum überstand der Ort, wo sich auch die Begräbnisstätte der beiden thebäischen Märtyrer Ursus und Viktor befand, die harte Zeit der Völkerwanderung.
Seinen geschichtlichen Höhepunkt erlebte Solothurn unter den salischen Kaisern Konrad II. und Heinrich III. Sie vereinigten das Königreich Hochburgund mit dem deutschen Reich, und Heinrich III. liess sich bei dieser Gelegenheit in Solothurn zum König von Burgund krönen. 1127 geriet die Stadt unter die Herrschaft der Herzöge von Zähringen, die das Selbstbewusstsein der Bürgerschaft weckten, sie gegen den Feudaladel und die Stiftsherren aufstachelten und eine beschränkte städtische Selbstverwaltung durchsetzten. Damals erhielt die Altstadt auch das sie bestimmende Gepräge, als die bisher getrennten bürgerlichen und geistlichen Siedlungskerne um das Castrum und das St.-Ursen-Kloster mit einer Stadtmauer zusammengeschlossen wurden. Diese steckte, mit der ebenfalls von den Zähringern als Brückenkopf angelegten Vorstadt, bis ins 19. Jahrhundert den Rahmen ab, in dem sich die Ortschaft fortan entwickelte. Um 1200 schüttelte die Stadt die Herrschaft des von den Karolingern begründeten Stifts St. Ursen ab und errang nach dem Tode des letzten Zähringers (1218) allmählich wieder Reichsfreiheit. In der Folge baute sie ihren Einflussbereich in Rivalität mit ihren mächtigen Nachbarn Bern und Basel ständig aus und wurde schliesslich am 22. Dezember 1481 von der Tagsatzung in Stans mit Freiburg zusammen als vollwertiges Glied in den Bund der Eidgenossen aufgenommen.

Ein Hauch französischer Noblesse...

Entscheidend für die weitere Entwicklung Solothurns wurde die Niederlassung der französischen Ambassade im Jahre 1530. Die militärische Tüchtigkeit der Schweizer im Kampf gegen die Heere Karls des Kühnen, im Schwabenkrieg und in den Mailänder Kriegen weckte am französischen Hof immer mehr das Interesse an den eidgenössischen Söldnern. Es lag daher nahe, dass die Franzosen eine Gesandtschaft errichten wollten, von wo aus sie ihre Beziehungen zu den dreizehn Orten der Alten Eidgenossenschaft festigen konnten. Dass dabei die Wahl auf Solothurn fiel, dürfte vor allem mit der traditionellen Verbundenheit der St.-Ursen-Stadt mit dem französischen Kulturraum zusammengehangen haben. Und Soleure blieben die Ambassadeurs denn auch – abgesehen von einem kurzen Unterbruch – bis 1792 treu.
Die Anwesenheit der französischen Gesandten belebte die Stadt wirtschaftlich, politisch und kulturell sowohl durch den luxuriösen Hofstaat als auch durch die sich hier niederlassenden erfolgreichen Söldnerführer. Aus ihnen bildete sich eine neue Oberschicht heraus. Sie wusste sich rasch mit dem einflussreichen Patriziat zu arrangieren, das an den Schalthebeln der Macht sass und die übrigen Bürger vom politischen Fenster fernhielt. Daneben brachte diese Zeit architektonisch beachtliche Leistungen hervor: die Schanzen als Schutzwall gegenüber den konfessionell anders gerichteten Nachbarn, die Jesuiten-Kirche, vornehme Stadt- und Landhäuser, das Spital mit seiner Kirche, das Waisenhaus, mehrere Kornhäuser, das Arbeitshaus zur Humanisierung des Strafvollzugs, das Stadttheater und – als Höhepunkt – die St.-Ursen-Kathedrale, die seit 1827 Sitz des Bistums Basel ist. Kein Zweifel: Solothurn ist in unserem Land die französischste Stadt deutscher Sprache. Und sie ist es

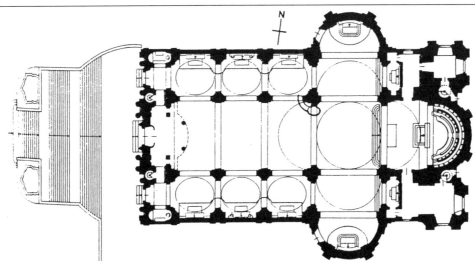

Grundriss der St.-Ursen-Kathedrale (Quelle: «Kunstdenkmäler des Kantons Solothurn»)

Der Sakralbau

Wie die zahlreichen Formen von Profanbauten verleihen auch die verschiedensten sakralen Gebäude – von der schlichten Kapelle, über die trutzige Dorfkirche bis zum überwältigenden Münster – jedem Dorf und jeder Stadt ihr eigenes, unverwechselbares Gesicht. In Solothurn ist es die St.- Ursen-Kathedrale, das bedeutendste Bauwerk des Frühklassizismus in unserem Lande. An Stelle einer alten Kirche in hellem Marmor errichtet, bildet sie den grossartigen Abschluss der Hauptgasse, von wo sich – flankiert von zwei Monumentalbrunnen – eine weite, von Paolo Antonio Pisoni gestaltete Freitreppe zum Haupteingang erhebt. Dessen dreiteilige Fassade wird durch Pilaster, Säulen, Gesimse, Statuen und Reliefs gegliedert sowie durch eine zweigeschossige Mittelachse, die ein Dreieckgiebel krönt.

Der hochbarocke Turm bildet zusammen mit der stattlichen Kuppel das äussere Wahrzeichen der Ambassadorenstadt.
Das Innere der Kathedrale ist nach der Art einer Kreuzbasilika konstruiert und besteht aus einem weiten Mittelschiff, zwei schmalen Seitenschiffen und dem Querschiff. Hinter der Vierung mit der Kuppelhaube mündet das Mittelschiff in einem reich ausgestatteten Hochaltar mit Sarkophag von Carlo Luca Pozzi aus. Der ganze lichte Kirchenraum ist geschmückt mit klassizistischen Stukkaturen von Francesco Pozzi, während vom Gewölbe des Mittelhauses drei dem Glauben, der Liebe und der Hoffnung gewidmete Fresken von Domenico Pozzi prangen. Die wertvollen Schnitzarbeiten an den Chor- und Ratsherrenstühlen, Sakristeitüren, am Altar, an der Kanzel und am Orgelprospekt über dem Haupteingang stammen von den Brüdern Franz und Jeremias Schlapp.

auch nach dem Auszug der Ambassadoren geblieben, obwohl ihr Antlitz keineswegs leicht zu bestimmen und eindeutig dieser Epoche oder jenem Typus zuzuordnen ist.
Die Gassen und Strassen strahlen in ihrem barocken Gehabe noch heute etwas von jener Noblesse aus, die den Herrschaften des Ancien Régime eigen war und die sie auch hierzulande auslebten. Majestätisch aus ihrer Mitte erhebt sich die zwischen 1762 und 1773 nach Plänen des Tessiners Gaetano Matteo Pisoni erbaute St.-Ursen-Kathedrale, vor deren Freitreppe sich die Altstadt in ihrer einzigartigen Vielfalt und Schönheit auftut. Die kuppelgekrönte Kreuzbasilika mit einem reichen Domschatz gilt als bedeutendstes frühklassizistisches Bauwerk der Schweiz. Meisterhafte Stukkaturen birgt die barokke Jesuiten-Kirche, die 1680/89 erbaut wurde und deren Fassade organisch mit der Häuserfront der Hauptgasse verbunden ist. Von den ehemaligen Festungsbauten erhalten sind noch das Baseltor, das zum hochstrebenden St.-Ursen-Turm einen eindrücklichen Gegensatz bildet, die Riedholzschanze mit ihrem runden Turm von 1548 und als Gegenstück dazu der Buristurm im Nordwesten der Altstadt sowie das Bieltor mit seinem Berner Helm.

Am alten Zeughaus vorbei, das heute eine bedeutende Waffensammlung beherbergt, kommen wir zum Ambassadorenhof. Einst mit prächtigen Sälen ausgestattet, diente er nach der Französischen Revolution nacheinander als Kaserne, Kantonsschule und Verwaltungsgebäude. Unweit davon liegt das Rathaus mit Renaissance-Fassade, dem Kantonsrats- und Regierungsratssaal sowie Kostbarkeiten der Steinmetz- und Schnitzerkunst. Gleich dahinter findet sich die christkatholische Kirche, das Gotteshaus des ehemaligen Franziskanerklosters. An weiteren Sakralbauten sind die St.-Peters-Kapelle mit barocken Malereien und, am südlichen Aareufer, die rokokohafte Spitalkirche besonders reizvoll.

Bürgerliches und Fürstliches

Unter den meist schmalbrüstigen Bürgerhäusern mit ihren charakteristischen Aufzugsgiebeln stechen die anspruchsvolleren ehemaligen Patrizierhäuser noch immer hervor, als aufwendigstes das Haus Reinert (1692) und das fürstliche Palais Besenval (1701–1706). Die Sommerhäuser des Patriziats beherrschen vor allem die Umgebung bis weit über die Stadtgrenzen hinaus. Die meisten von

In der Solothurner Innenstadt wurden Tages- und Nachtsperren für den Motorfahrzeugverkehr errichtet und die Fussgängerbereiche ständig erweitert. Heute lässt sich hier ungehindert schlendern oder in einem der Strassencafés gemütlich verweilen.

ihnen sind als sogenannte Türmlihäuser in gediegene Parkanlagen eingebettet. Einzelne davon dienen heute als Museen, so Schloss Blumenstein (1725) als historisches Museum für Wohnkultur mit Originalmöbeln von Louis XIV bis Empire. Vorder-Bleichenberg ist zu einem Ausstellungszentrum für moderne Kunst ausgestaltet, neben dem Städtischen Museum, das unter anderem mit Werken von Holbein, Frank Buchser, Cuno Amiet und Ferdinand Hodler aufwartet. Im Schloss Waldegg schliesslich ist eine Stiftung beheimatet, die sich die Pflege der geistigen und kulturellen Beziehungen zwischen deutscher und welscher Schweiz zum Ziele gesetzt hat und damit Solothurns «Brückenschlag»-Tradition fortführt.

Es gäbe noch viele Sehenswürdigkeiten in und um die Ambassadorenstadt vorzustellen. So beispielsweise an der Aare das Landhaus von 1722, am einstigen Schiffländeplatz für den Weintransport, das barocke Stadttheater von 1754, die Schiffleuten- (1588) und Schmiedenzunft (1564), das Haus von Roll (1495) mit seinem Hof, einem sechseckigen Treppenturm und einem festlichen Rittersaal, das frühklassizistische Hotel Krone (1772), den Gerechtigkeitsbrunnen aus dem 16. Jahrhundert sowie den legendenumwobenen «Zitgloggenturm» mit astronomischem Uhrwerk. Und in der Vorstadt zu nennen wäre das imposante Bürgerspital, das schon im 13. Jahrhundert erwähnt und um 1800 von Pisoni erweitert wurde, oder das Bürgergemeindehaus, 1465 von Niklaus Wengi als Spital gestiftet, oder die Prison, das Untersuchungsgefängnis von 1756, das sich wie eine mittelalterliche Burg ausnimmt. In den Aussenbezirken erinnern wir an den Aarhof (1619), an das Kapuzinerkloster (1588) und das Frauenkloster der Visitation (1676–1693) sowie an die vor wenigen Jahren restaurierte Loreto-Kapelle (1649).

Drehscheibe der Region

Als Kantonshauptort ist Solothurn indessen nicht nur Hochburg einer vielfältigen Vergangenheit und einer ebenso lebendigen kulturellen Gegenwart, sondern auch Wirtschaftszentrum der Region. Dabei dominiert die Industrie, die hier seit der zweiten Hälfte des 19. Jahrhunderts einen starken Aufschwung genommen hat und heute mit einer breiten Palette von Branchen und Betriebsgrössen vertreten ist, vorab in der Metall-, Uhren-, Maschinen-, Textil-, Papier- und Holzverarbeitungs-Industrie. 1985 zählte die Stadt Solothurn nicht weniger als 14264 Erwerbstätige, dies bei einer Einwohnerzahl von 15517 im Februar 1992 oder 3300 Einwohnern weniger als Ende der sechziger Jahre. Wenn die Stadt als Wohnort heute weniger gefragt zu sein scheint als früher, hat sie doch ihre Vormachtstellung als Arbeitszentrum behalten. Hinter dieser Diskrepanz steckt ein beträchtlicher Pendlerverkehr zwischen Stadt und Region, der nicht zuletzt durch die vorteilhafte Verkehrslage Solothurns begünstigt wird. Allerdings hat die Stadt an das engmaschige und grösstenteils private Verkehrssystem einen erheblichen Obolus zu leisten, wie sie überhaupt vielfältige Dienstleistungen, die der ganzen Region zugute kommen, zu tragen hat. Mit dieser Belastung haben sich allerdings auch andere und grössere Städte herumzuschlagen, die wie Solothurn auf der Suche nach neuen Formen der Zusammenarbeit mit den umliegenden Gemeinden sind – Formen, die einerseits die Stadt entlasten und anderseits der Region vermehrt Mitspracherechte in traditionell städtischen Angelegenheiten einräumen sollen.

Vom rechten Aareufer aus bietet sich ein reizvoller Ausblick auf die gegenüberliegende Seite, die städtebaulich beherrscht wird von der kuppelgekrönten St.-Ursen-Kathedrale, dem Landhaus, der Jesuiten-Kirche, dem Stadttheater und dem fürstlichen Palais Besenval. Von ihnen strahlt noch heute etwas von der «grandeur et noblesse» der von 1530 bis 1792 in Solothurn ansässigen französischen Ambassadoren aus.

Hinter der St.–Ursen-Bastion liegt – eingebettet in den Stadtpark – das Kunstmuseum. Es wartet mit Raritäten früher schweizerischer und solothurnischer Meister und mit zeitgenössischen Werken auf.

Das Innere der von 1762 bis 1773 nach Plänen von Gaetano Matteo Pisoni errichteten St.–Ursen-Kathedrale, dem bedeutendsten Bauwerk des Frühklassizismus in der Schweiz, versetzt den Besucher in südliche Gefilde. Klassizistische Stukkaturen von Francesco Pozzi schmücken den lichten Kirchenraum, während vom Mittelhaus drei dem Glauben, der Liebe und der Hoffnung gewidmete Fresken von Domenico Pozzi prangen.

Spielanlage am Amtshausplatz mit dem Bieltor und dem Muttiturm (links). Dieser steht gleichsam als Mahnmal an den im 19. Jahrhundert abgebrochenen Schanzenring rund um die Altstadt. Der Kampf um eine der letzten von elf Schanzen, der Turnschanze, führte 1905 zur Gründung des Schweizer Heimatschutzes.

Von der Hauptgasse bietet sich ein überwältigender Blick auf die Hauptfassade der St.-Ursen-Kathedrale, zu der eine Marmortreppe hinaufführt. Das Becken des St.-Ursen-Brunnens im Vordergrund ist aus einem Monolith gehauen, und auf der mit Fabelwesen geschmückten Säule steht eine Kriegerfigur von 1529.

Nicht nur der Altstadt mit ihren schmalbrüstigen Bürgerhäusern ist in Solothurn Sorge getragen worden. Auch der sie umgebende Grüngürtel, wo bis weit hinaus gediegene Sommerhäuser des ehemaligen Patriziats den aufmerksamen Besucher überraschen, wird von den Behörden und den privaten Eigentümern gepflegt.

1981:
Elm GL

Heimatschutz umfassend verstanden

Wer nach Elm kommt, dem fällt eine Besonderheit sofort auf: die Vorherrschaft des hölzernen Blockhauses, das noch heute den Ortsbildcharakter bestimmt. Vom «Sulzbach» bis zum «Müsli» und vom «Dorf» bis «Hintersteinibach» zeugen diese stattlichen Gebäude vom Geschick der einheimischen Handwerker, die hier bis weit ins 19. Jahrhundert hinein ausschliesslich diesem Haustyp verpflichtet waren und dabei Werke von kunstgeschichtlich hohem Rang schufen. Ihre integrale Erhaltung und eine Reihe von modernen Neubauten, die sich in Form, Konstruktion, Material und Farbe bald an die überlieferten Strukturen anlehnen und bald in einer spannungsvollen und doch verträglichen Beziehung zu diesen stehen, waren 1981 bei der Preisvergabe an Elm im Mittelpunkt der heimatschützerischen Überlegungen. Ausgezeichnet werden sollte zudem ein Gemeinwesen, das trotz seiner Standortnachteile auch in gesellschaftlicher, kultureller und wirtschaftlicher Hinsicht seinen Weg gemacht hatte und manch bevorzugterer Mittellandgemeinde als Vorbild dienen könnte.

Suworows Spuren

Die Anfänge Elms (von Elme = Ulme) liegen im dunkeln. Romanische Alp- und Flurnamen wie «Camperdun» oder «Ramin» und deutsche wie «Schwändi» und «Rütiweid» lassen vermuten, dass sich ursprünglich sowohl Romanen als auch Alemannen und Walser im hintersten Sernftal niedergelassen hatten, Wald rodeten, Weideland schufen und sich der Viehzucht und dem Getreideanbau widmeten. Erstmals urkundlich erwähnt wird die Siedlung zu Beginn des 14. Jahrhunderts, als das Kloster Säckingen in Elm beträchtliche Güter besass. 1493 bewilligte der Papst hier den Bau einer Kirche, doch schon 35 Jahre später bekannte sich die Gemeinde als eine der ersten im Kanton zur Reformation. Um diese Zeit entstanden in Elm auch verschiedene Susten, um den wachsenden Handels- und Pilgerverkehr über den Panixerpass bewältigen zu können. Dieser erreichte dann etwa Mitte des 18. Jahrhunderts im sogenannten «Welschlandhandel», dem Viehgeschäft mit dem Tessin und der Lombardei, seinen Höhepunkt.

In halb Europa von sich reden machte Elm aber besonders im Herbst 1799. Damals war das Glarnerland von den Franzosen einerseits und den verbündeten Österreichern und Russen andererseits umkämpft. Anfang Oktober versperrte die Revolutionsarmee dem russischen Feldmarschall Suworow und seinen 15 000 Mann den Abgang über das Walenseetal. Dem Russen blieb nur der Ausweg über den Panixer und das Vorderrheintal. So schlug er am 5. Oktober sein Quartier in Elm auf. Tags darauf bezwang er den verschneiten Pass. Hunderte von erschöpften Soldaten erfroren dabei.

Der schwarze Sonntag

Während im übrigen Glarnerland zwischen 1820 und 1870 Stoffdruckereien, Webereien und Spinnereien aus dem Boden schossen und sich der Kanton zu einer industriellen Hochburg mit weltweiten Beziehungen entwickelte, sträubten sich die Elmer gegen diesen Trend. Sie wollten keine Fabrik im Dorf und blieben der Landwirtschaft treu. Immerhin: einem Nebenverdienst konnten und wollten auch sie nicht entsagen. Stellten sie bereits vorher in Heimarbeit Schiefertafeln her, so wurde 1868 am Tschingelberg ein eigentlicher Schieferbruch errichtet, in dem manch einer einen Batzen hinzuverdienen konnte. Im Laufe der Jahre hatten die «Plattenberger», wie man die Kumpels nannte, den Berg auf einer langen Strecke im Tagbau unterhöhlt. Immer häufiger machten sich Geländerisse, Spalten und Felsabstürze bemerkbar. Doch weil man es mit geologischen Erkenntnissen noch nicht allzu ernst nahm, begriff man zu spät, dass sie Vorboten einer verhängnisvollen Katastrophe waren.
Am Sonntag, dem 11. September 1881, abends um halb sechs Uhr brach vom Tschingelberg eine Felsmasse von 10 Millionen Kubikmetern los und verschüttete in drei Stürzen das fruchtbare und bewohnte Untertal. 114 Menschen – ganze Familien

– wurden vom Bergsturz begraben, dazu 90 Hektaren nutzbarer Boden, 22 Wohnhäuser, 50 Scheunen und Ställe, 5 Schiefermagazine, 4 Werkhütten, das Schützen- und Spritzenhaus, das gesamte Bergwerk und eine halbe Million fertiger Schiefertafeln. Hingegen blieb der Dorfkern mit der Kirche verschont. Die Katastrophe löste in allen Kontinenten eine Welle des Mitgefühls und der Hilfsbereitschaft aus. Mit der Zähigkeit von Berglern, die gewohnt waren, bescheiden zu leben, doch ebenso mit den Perspektiven einer allmählich bis in abgelegene Täler vorrückenden Technik machte man sich an den Wiederaufbau. Einen bedeutenden Aufschwung für Elm, das erst 1840 durch eine Fahrstrasse mit dem Glarner Grosstal verbunden worden war, leitete im Sommer 1905 die Eröffnung der elektrischen Sernftalbahn zwischen Schwanden und Elm ein. Aus Rentabilitätsgründen und wegen des schlechten Geleisezustandes wurde die Bahn jedoch 1969 durch einen Autobusbetrieb ersetzt.

Landwirtschaft als Grundlage

Heute umfasst Elm, das südlichste Dorf im Sernftal und die zweitgrösste Gemeinde des Kantons Glarus, eine Gesamtfläche von 9065 Hektaren. Davon entfallen 3752 Hektaren auf unproduktives Gebiet, 4635 Hektaren werden landwirtschaftlich genutzt, die Waldfläche beträgt 633 Hektaren, und nur etwa ein halbes Prozent der gesamten Gemeindefläche ist überbaut. Eingebettet in einen weiten Talkessel, ist das Dorf umringt von stolzen Dreitausendern, dem Piz Sardona, Piz Segnes, Vorab, Hausstock, der Kärpfgruppe und den Tschingelhörnern. Der bewohnte Gemeindeteil erstreckt sich über eine Länge von 5,3 Kilometern und besteht neben dem eigentlichen Dorf aus den Weilern Sulzbach, Schwändi, Untertal, Obmoos, Matt, Egg, Steinibach und Wald. Mitte des vorigen Jahrhunderts lebten hier 1051 Menschen, doch sank diese Zahl von da an kontinuierlich. Seit dreissig Jahren ist es gelungen, sie bei etwa 800 Einwohnern zu stabilisieren. Rund zwei Drittel von ihnen besitzt das Ortsbürgerrecht. Das beweist, dass sich die Elmer in überdurchschnittlicher Weise mit ihrer Scholle verwachsen fühlen. Etwa 40–45 Prozent der Berufstätigen arbeiten in Industrie, Handwerk und Baugewerbe, 35 Prozent finden ihr Einkommen haupterwerblich in der Landwirtschaft und der Rest im Dienstleistungssektor.

Ist andernorts die bäuerliche Existenz in Frage gestellt, scheint die Zukunft der Elmer Landwirtschaft mit ihren rund 65 Betrieben gesichert zu sein, nicht zuletzt durch eine gezielte Nachwuchsförderung und landwirtschaftliche Beratung. Diese Tradition geht übrigens bis ins letzte Jahrhundert zurück, als die hiesigen Landwirte nach dem Bergsturz eine der ersten Viehzuchtgenossenschaften der Schweiz gründeten. Und noch heute rühmen Fachkreise des In- und Auslandes den hohen Qualitätsstandard des hiesigen Zuchtviehs. Um sich im härter gewordenen Konkurrenzkampf zu behaupten, wurde in den siebziger und achtziger Jahren eine Gesamtmelioration durchgeführt und weitgehend abgeschlossen. Sie bezweckte insbesondere Erschliessungsstrassen zu bauen, die Wasserversorgung zu verbessern, Güter zusammenzulegen sowie die Bauernhäuser zu sanieren.

Willkommene Touristen

Wenngleich das Bauerngewerbe hier bis in die Gegenwart hinein seine Führungsrolle bewahren konnte, setzte um die Mitte des vorigen Jahrhunderts doch auch eine gewisse Verbreiterung der Existenzgrundlagen ein, vorerst durch das Schiefergewerbe, dessen Erzeugnisse bis in den hohen Norden hinauf geschätzt wurden. Es beschäftigte bis zu 120 Arbeiter, verkaufte im Jahr rund 4 Millionen Tafeln, erreichte seinen Höhepunkt vor dem Bergsturz, ging dann zurück, blühte bis zum Ersten Weltkrieg nochmals auf und wurde 1927 eingestellt. Denn inzwischen waren die Schiefer-Vorräte zur Neige gegangen. Jass- und Schreibtafeln werden zwar in Elm noch heute hergestellt, allerdings nur noch hobbymässig und mit importiertem Schiefer.

Schon im 16. Jahrhundert soll es in der Wichlenalp Mineralquellen und ein Badhaus gegeben haben. Dieses überlebte zwar die Zeit nicht, hingegen entdeckte man 1892 «im Gschwend» ein stark eisenhaltiges Wasser, richtete ein Jahr später bei der Quelle eine Bade- und Trinkanlage ein und eröffnete 1898 optimistisch ein Kurhaus. Nach einträglichen Jahren war dem Haus vom Ersten Weltkrieg an ein wechselvolles Schicksal beschieden, die Quelle jedoch wurde weiterhin genutzt. 1929 entstand hier der bis heute einzige Industriebetrieb von Elm, eine Mineralwasser-Fabrik, welche seither ihr «Elmer Citro» und «Fontessa» in alle Landesteile vertreibt.

Mit dem Bau von Sesselbahnen und Skiliften gelang der Gemeinde, nach mehreren Fehlschlägen, 1972 der langersehnte Durchbruch im Fremdenverkehr. Wegen seiner Nähe zur Agglomeration Zürich wird der Ort vor allem von Wochenend-Touristen aufgesucht, die hier ein prächtiges Ski- und Wandergebiet vorfinden, das einheimische Gastgewerbe beleben und den jungen Landwirten im Winter einen willkommenen Nebenverdienst verschaffen. Dasselbe gilt für den Mitte der siebziger Jahre eröffneten Militärschiessplatz Wichlenalp. Diesem hat die Gemeinde ihre Umfahrungsstrasse und die zügige Meliorationsarbeit zu verdanken.

Von der Bevölkerung getragen

Trotzdem: Die Elmer waren stets und sind weiterhin darauf bedacht, ihr Dorf nicht zum touristischen Rummelplatz zu machen, sondern sie widmen sich in erster Linie dem Familientourismus. Durch entsprechende Umbauten wurden in den letzten Jahren zahlreiche brachliegende Altliegenschaften wiederbelebt und neuen Nutzungen zugeführt. Damit konnte unnötigem Landverschleiss durch neue Feriensiedlungen wirksam entgegengetreten und zugleich das Ortsbild sinnvoll gepflegt werden. Und in der Tat: Es gibt im schweizerischen Alpenraum nur wenige Dörfer, wo sich auf so engem Raum eine solche Fülle von imposanten Strick-Holzbauten finden und wo Altes und Neues einander so gut vertragen. Natürlich finden sich auch hier jene hässlichen Beispiele, die aus der Reihe tanzen, aber sie halten sich in Grenzen. Die vorhandenen Ortsbildstrukturen drücken den klaren politischen Willen der Bevölkerung und ihrer Behörden aus, die einmalige Bausubstanz des Dorfes und seiner Weiler zu erhalten und zu schützen. Diesem Ziel widmet sich namentlich die lokale Stiftung PRO ELM, die bei Umbau-, Renovations- und Neubauvorhaben Behörden und Private berät. Schon 1968 stimmte die Gemeindeversammlung einer restriktiven Zonenplanung und Bauordnung zu, die in den folgenden Jahren noch durch besondere Gestaltungsvorschriften und ein Verbot von Fertighäusern verschärft wurde. In Elm nimmt die Bevölkerung regen Anteil an diesen Bestrebungen, lässt sich oft aus eigener Initiative von Heimatschutz- und Denkmalpflege-Fachleuten beraten, und auch die Behörden stellen sich meist hinter deren Empfehlungen. Im Laufe der Jahre wurden so ausser der Kirche zahlreiche Privathäuser renoviert, im geschützten Dorfteil alle Leitungen verkabelt und der Durchgangsverkehr ferngehalten. Mit geschickter Hand verwirklichte die Gemeinde neue infrastrukturelle Aufgaben. 1975 wurde das Dorf im Rahmen des Europäischen Jahres für Denkmalpflege und Heimatschutz vom Europarat ausgezeichnet und ins Bundesinventar der Ortsbilder von nationaler Bedeutung aufgenommen.

Schöne Holzhäuser – gezielte Bodenpolitik

Zu den prächtigsten Blockbauten, auf die man in Elm stösst, zählt einmal das Grosshaus, dessen Ursprünge nicht restlos geklärt sind, dessen Keller und zwei Obergeschosse jedoch aus der Mitte des 16. Jahrhunderts stammen. Das imposante Gebäude mit seinen Klebedächern und den farbigen Fall- und Schiebefenstern besticht namentlich durch seine bürgerlich-repräsentative Innenausstattung mit einer schmucken Renaissance-Stube. Eindrücklich ist ferner das Zentnerhaus, ein mächtiger Doppel-

Das geschützte Dorfzentrum von Elm ist durchsetzt mit einer Reihe neuerer Bauten. Zu nennen ist hier namentlich das Gemeindehaus, das heute auch als kulturelles Zentrum des Sernftaler Bergdorfes dient. Es erinnert stark an die alten Glarner Hänggitürme, hohe Holzbauten, an denen die Textilindustrie ihre bedruckten Stoffe zum Trocknen aufhängte.

Strickbau von 1799, der als Gasthof benützt wurde und durch seine klassische Giebelseite zu den schönsten Blockhäusern der Schweiz gehört. Seit seiner Wiederherstellung zu einem regelrechten Schmuckstück verwandelt hat sich das Pfarrhaus von 1807 mit seinen typischen Zugläden. Aber auch das 1595 erbaute Zwicky-Haus, die Fritigen-Häuser oder das Haus im Vorderauen aus dem 16. Jahrhundert sind hier zu nennen. Das um dieselbe Zeit erstellte und 1747 erweiterte Suworow-Haus ist teils gemauert, teils in Fachwerk ausgeführt und zeigt eine Fassade mit bunten Barockmalereien und markanten Eckquadern. Die einfache Dorfkirche mit ihrem Käsbissenturm ist Ende des 15. Jahrhunderts entstanden und birgt ein kastenhaftes Schiff, eine flache Holzdecke, einen gotischen Abendmahlstisch und eine frühbarocke Kanzel von 1612.

Das geschützte Dorfzentrum ist durchsetzt mit einer Reihe neuerer Bauten, etwa dem an die alten Glarner Hänggitürme erinnernden Gemeindehaus, dem geschickt in die Umgebung eingefügten Primarschulhaus oder dem auch touristisch nutzbaren Truppenlager. Unüberbaubare Grünzonen und der baumbestandene Lauf der Sernf lockern das Zentrum auf. Um den landwirtschaftlichen Boden in der Talsohle zu schonen, wurden Ferienhausbauten durch ein Landumlegungsverfahren teilweise an schwer bewirtschaftbare Hänge verbannt. Zudem hat der Gemeinderat durch eine entsprechende Bodenpolitik für Ortsansässige günstigen Wohnraum geschaffen, womit der Abwanderung und den davongaloppierenden Bodenpreisen teilweise begegnet werden konnte. Vor kurzem hat man auf Betreiben des Kantons auch ein touristisches Entwicklungsgebiet ausgeschieden.

Der Blockbau

In Elm wie im ganzen Kanton Glarus dominiert unter den Bauernhäusern der alpine Blockbau, wobei dieser in sehr unterschiedlichen Formen auftreten kann. Die meisten stellen eine Mischung von Stein- und Holzkonstruktion dar. Bei diesen ist der Sockel und Küchenteil gemauert, während der Rest in Holz gehalten ist. Beim Blockbau werden Holzstämme etwa 15 Zentimeter vor den Enden ausgekerbt und kreuzweise übereinandergelegt, «gestrickt» und vernagelt. Man nennt die Bauten daher oft auch Strickhäuser. Für Wohnbauten verwendete man dazu Kanthölzer, also rechteckig behauene oder zugesägte Balken aus Fichtenholz, deren Gewicht die Fugen zusammenpresst. Bei Scheunen und Speichern begnügte man sich mit geschälten Rundhölzern. Die an der Fassade leicht vorkragenden Enden der Wandbalken lassen die Inneneinteilung dieser Häuser gut erkennen. Der Blockbau ist im ganzen Alpenraum anzutreffen, wird aber doch stark von regionalen Eigenheiten in bezug auf die Konstruktion, Dekoration und Nutzung geprägt.

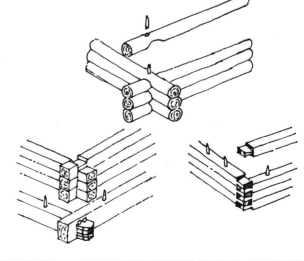

Linke Seite, oben: Am 5. Oktober 1799 übernachtete in diesem Haus der russische General Suworow, ehe er mit seiner Armee den Panixerpass überstieg und so den französischen Revolutionstruppen über das Rheintal entkam. Das hochragende Gebäude fällt besonders durch seine barockhaft bemalten Eckquader auf und konnte dank privater Initiative vor dem Abbruch bewahrt werden.

Rechte Seite: Das wohl zwischen dem 16. und 17. Jahrhundert erstellte Grosshaus gehört zu den aussergewöhnlichsten Holzbauten seiner Art. Die paarweise zusammengefassten Fenster sind mit Fall- und Schiebeläden sowie mit Klebedächern versehen. Im Hausinnern findet sich eine nobel ausgestattete Renaissance-Stube.

Beim Zentnerhaus, einem der schönsten Blockbauten der Schweiz, zeugt die streng symmetrisch gegliederte Giebelseite vom geradezu klassischen Formengeist seiner Erbauer. Es stammt von 1799 und wurde für den Vogt und Richter Kaspar Freitag errichtet.

Um den landwirtschaftlichen Boden in der Talsohle zu schonen, wurden Ferienhausbauten teilweise an schwer bewirtschaftbare Hänge verbannt. Zu diesem Zweck führte die Gemeinde ein Landumlegungsverfahren durch.

Die Eingliederung von Gegenwartsarchitektur in eine historisch gewachsene Umgebung stellt alle Beteiligten immer wieder vor knifflige Aufgaben. Im Falle des Elmer Primarschulhauses ist dies jedoch zweifellos überzeugend gelungen.

1982:
Avegno TI

Treue zur regionalen Eigenheit

«Mit dem Henri-Louis-Wakker-Preis 1982 würdigen wir den beispielhaften Beitrag Ihrer Gemeinde gegen die Abwanderung aus einer entvölkerungsgefährdeten Talschaft; die von Ihnen wahrgenommene Selbstverantwortung wider den Druck der nahe gelegenen städtischen Agglomeration; Ihre planerischen, rechtlichen und baulichen Massnahmen zur massvollen Entwicklung Ihres Dorfes und ermutigen wir Sie schliesslich, in Ihren Bemühungen um einen intakten Lebensraum unbeirrt fortzufahren.» Die Verleihung des Preises an Avegno galt nicht nur der Gemeinde, die ihn zweifellos verdient hat, sondern dem Tessin allgemein, unseren «amici d'Oltregottardo», der Italianità, jener sprachlichen und kulturellen Minderheit in unserem Lande, ohne die die Schweiz nicht wäre, was sie ist.

Gefährliche Subkultur

Denn zu oft werden in der deutschen Schweiz die Beziehungen zu unserer «Sonnenstube» übertüncht von nostalgischen Gefühlen, welche die Wirklichkeit verleugnen und bestehende Spannungen und Risse verdrängen. Es wäre falsch, diese zu vertuschen, brechen sie doch gerade in der gebauten Umwelt und ihren sozialen Strukturen immer wieder durch. Wer sich in den letzten Jahren mit Einheimischen unterhielt, bekam es deutlich zu spüren: Die Überfremdung des Tessins durch die Touristen und insbesondere durch Deutschschweizer, die sich in unserem südlichen Kanton einen Rustico und damit einen Unterschlupf gesichert haben, hat die Grenze des Tragbaren längst erreicht. Im Februar 1991 hat deshalb der Tessiner Staatsrat ein Moratorium erlassen, das den Umbau solcher Gebäude ausserhalb der Bauzonen untersagt. Es geht dabei nicht nur darum, Ordnung in die bisher wirre Praxis zur Erteilung von Ausnahmebewilligungen für derlei Objekte zu bekommen, sondern ebenso um eine Massnahme zur Sicherung eines zusehends gefährdeten und das Tessin entscheidend prägenden Kulturgutes.
Wenn nämlich auf dem Dach eines Rustico in Avegno eine Berner Fahne flattert, wenn anderswo eine Laterne im spanischen Rustikal-Stil brennt, wenn farbige Chalet-Läden die Fenster, Namen wie «Casa Waltraud» die Fassaden und Souvenirs vom letzten Urlaub in der Karibik die Türen dieser einfachen Landwirtschaftsbauten «schmücken», dann zeigt dies neben Geschmacklosigkeit auch mangelndes Einfühlungs- und Anpassungsvermögen, vor allem aber Unkenntnis der kulturellen Eigenheiten der Wahlheimat durch die Zuzüger an. Und wenn sich hinter den urchigen Rustico-Mauern modernste und komfortable Wohnungen verbergen, muss man sich fragen, was denn der Stadtmensch in dieser Idylle eigentlich sucht. Auf alle Fälle haben solche Erscheinungen mit Heimatschutz und Ortsbildpflege auch dann nichts zu tun, wenn das Steinplattendach noch stimmen sollte. Sie zeugen von einer sentimentalen Subkultur, die hier zum Kulturfeind Nummer eins geworden ist.

Räumliche Einheit gewahrt

In Avegno hat man das frühzeitig erkannt. Gewiss, das Dorf am Fusse des Cima della Trosa ist kein Prunkstück, sondern eine gewöhnliche Tessiner Ortschaft. Was sie jedoch vom Durchschnitt abhebt, sind besonders ihre planerischen Leistungen im Dienste des Landschafts- und Ortsbildes. Diese begannen mit der Güterzusammenlegung in den fünfziger Jahren. Die eigentliche Ortsplanung wurde 1961 in Angriff genommen, als man ein privates Ingenieurbüro beauftragte, einen Richtplan auszuarbeiten. Bis dieser 1974 durch die Gemeindeversammlung gebilligt und im Jahr danach durch den Kanton als erste Ortsplanung im Maggiatal und als eine der ersten im Tessin überhaupt genehmigt wurde, setzte die Gemeinde 1970 eine Sonderbauordnung in Kraft, um die bauliche Entwicklung möglichst rasch und vor Abschluss der langwierigen Planungsarbeit disziplinieren zu können. Avegnos Planung will namentlich die traditionelle räumliche Einheit von Siedlungs- und Landwirtschaftsbereich sicherstellen sowie die landschaftliche und architektonische Substanz erhalten. Zwar ist die Bauzone auch hier reichlich bemessen. Eine schutz- und gestaltungsorientierte Bauordnung mit Vorschriften über Nutzung, Bauabstände, Bauvolumen, Dach- und Fassadengestaltung, Grünzonen usw. sowie die zurückhaltende Baubewilligungspraxis der Gemeindebehörden vermochten aber bis jetzt dem Druck seitens der Agglomeration Locarno und des Tourismus zu widerstehen. Zurzeit wird die Ortsplanung von Avegno überarbeitet.

Obwohl Avegno zu den finanzschwächeren Gemeinden des Kantons gehört, sind hier in den letzten zwanzig Jahren auch erhebliche Anstrengungen unternommen worden, um überlieferte Bauten und Anlagen zu unterhalten. Hervorgehoben sei lediglich das Wiederherstellen der ursprünglichen Kopfsteinpflästerung der Hauptstrasse sowie verschiedener Gassen und Plätze. Damit hat sich die Gemeinde zwar gegenüber einer Asphaltlösung erhebliche Mehrkosten aufgeladen, dafür kam sie zu einem reizvollen öffentlichen Raum. Zugleich gingen die privaten Hauseigentümer daran, ihre alten Gebäude zu renovieren – durchschnittlich zwei bis drei im Jahr –, während sich die Neubautätigkeit etwa im gleichen Rahmen bewegte.

Ein Hauch von Zeitlosigkeit

Eingangs des Maggiatales gelegen und eingebettet in eine majestätische Gebirgskulisse, umfasst die Gemeinde eine Fläche von 813 Hektaren, wovon 353 auf den Wald, 85 auf Wiesen, Felder, Obstgärten und Rebflächen sowie 290 Hektaren auf Weiden entfallen. Wie manche Tessiner Gemeinde besteht Avegno aus drei Fraktionen: «Vinzott» (auch «Terra di fuori» genannt), «Chiesa» und «Lüdint» («Terra di dentro»). Die südalpine Architektur des Dorfes wird beherrscht von einfachen Bruchsteinhäusern mit Gneis- und Granitdächern und idyllischen Kastanienholzloggien. Dennoch unterscheiden sich die drei Gemeindeteile nicht unwesentlich voneinander. An der historischen Maggiatalstrasse liegt «Chiesa». Es bildet mit dem Gemeindehaus, der Post, der Cooperativa und dem Ristorante Stazione, Überbleibsel der ehemaligen Maggiatalbahn, das eigentliche Gemeindezentrum. Im Mittelpunkt steht die 1313 eingeweihte Kirche San Abbondio, die Ende des 16. Jahrhunderts zur dreischiffigen Basilika umgestaltet, letztmals im Jahre 1979 renoviert worden und im Innern mit Stuckaltären und -gewölben ausgestattet ist. Etwas weiter stossen wir auf die Rosenkranzkapelle, einen quadratischen Bau des 17. Jahrhunderts mit spätgotischen Holzstatuen. Dazwischen liegen verschiedene vornehmere Gebäude mit hübschen Gartenanlagen. Ihr patrizischer Einschlag lässt darauf schliessen, dass dieser Gemeindeteil sich bereits seit dem 18. Jahrhundert vom reinen Bauerndorf weg und zur bürgerlich geprägten Ortschaft hin entwickelt hatte.

Demgegenüber hat «Lüdint» seinen ruralen Charakter weitgehend bewahrt. Hier gibt noch das traditionelle Bauernhaus den Ton an, wenn auch hinter den Mauern längst nicht mehr nur Landwirte wohnen. Am nördlichen Eingang des Dorfes befinden sich die Reste eines echten Grottos, das jedoch arg zerfallen ist. Als eigentliches Aushängeschild der Gemeinde gilt zu Recht «Vinzott». Etwas abseits am Rande eines weiten Kastanienwaldes angesiedelt, verströmt dieses vom Durchgangsverkehr verschonte Haufendorf eine wohltuende Ruhe, durchsetzt von einem Hauch Blütenduft, alten Mauern und Kaminrauch. Es ist, als stünde hier die Zeit still… Vom getreppten Dorfplatz mit Brunnen strahlen enge Gässchen aus, die zum Entdecken einladen und alle paar Schritte eine neue Überraschung bereithalten. Die Strässchen und Gassen wurden neu gepflästert, und viele der hier terrassenförmig angeordneten Häuser sind herausgeputzt und durch Einheimische oder Zuzüger wiederbelebt worden. An kunsthistorisch wertvolleren Gebäulichkeiten sind in diesem Dorfteil von nationaler Bedeutung die Kapelle Santa Maria del Rosario in campo (1684), die von 1727 stammende Kapelle Santa Trinità sowie der ehemalige Dorfbackofen hervorzuheben.

Im Wechselbad der Blüte- und Notzeiten

Doch wie ist Avegno entstanden und wie hat es sich zu dem entwickelt, was es heute ist? Ein Grabfund bei der Kapelle San Liberata erbrachte 1935 eindeutig den Nachweis für das, was man bislang nur vermutet hatte: Schon zur römischen Kaiserzeit bestanden hier drei kleine Siedlungen. Die gesamte Region scheint von ihrer Eroberung durch Augustus um 15 v.Chr. bis zum Einbruch der Langobarden friedlich dahingelebt zu haben. Diese Stabilität, die geschützte Lage in der Nähe der alten Verbindung zwischen Langensee und San Bernardino sowie die Tatsache, dass das Gebiet ohne Flussüberquerung zu erreichen war, boten günstige Voraussetzungen, dass sich hier schon früh eine lebendige Kultur entfalten konnte. Nach dem Zerfall des weströmischen Reiches gehörte das Gebiet den adligen Herren von Locarno, Vasallen des Erzbischofs von Mailand und ab 1004 des Bischofs von Como. Als Friedrich I. (Barbarossa) im 12. Jahrhundert die «Plebs Locarni et Scone» zu freien Orten erklärte, verlor der Locarneser Adel mehr und mehr an Einfluss, und die Gemeinden wurden administrativ autonom. Von 1516 bis 1798 stand Avegno zusammen mit dem übrigen Tessin unter der Obhut der Alten Eidgenossenschaft. Obgleich die Gemeinde während dieser langen Zeit von kriegerischen Auseinandersetzungen verschont blieb, hatte sie manche Krise durchzustehen. Besonders hart trafen das Dorf die Pestepidemien im 16. und 17. Jahrhundert, wovon noch heute Kapellen und Stätten der Fürbitte zeugen. 1748 setzte die nach sintflutartigen Regenfällen ausser Rand und Band geratene Maggia die Gemeindeteile «Chiesa» und «Terra di dentro» unter Wasser und richtete verheerende Schäden an.

Als am 21. März 1798 die französischen, deutschen und russischen Revolutionstruppen auch das Maggiatal erreichten, packte der letzte Landvogt im Tal sein Bündel. Und obwohl auch die Avegnesi ihren Freiheitsbaum gepflanzt hatten, sollen ihm nicht wenige nachgetrauert haben. Er sei der beste aller Landvögte gewesen, munkelte man im Dorf – wohl in der leisen Vorahnung, dass die Freiheit bald ihren Preis fordern würde. Plündernd und schändend zogen dann Napoleons Soldaten durch das Tal und hinterliessen Hunger und Seuchen. Das Elend bewog damals viele junge Leute dazu, der Heimat den Rücken zu kehren und ihr Glück anderweitig zu suchen. Für die Gemeinde noch schlimmer wurde aber die Emigrationswelle zu Beginn unseres Jahrhunderts. Einer nach dem andern brach damals – oft mit der ganzen Familie – auf in eine verheissungsvollere Zukunft in Kalifornien oder irgendwo. Innert weniger Jahre verlor Avegno die Hälfte seiner Einwohner. Das Dorf schien auszubluten. An die Zeiten, wo man hier von der kargen Landwirtschaft, der Holzkohlenproduktion und der Steinhauerei sich und die Seinigen durchbringen konnte, glaubte keiner mehr. Und die neuen Erwerbsquellen (Korbflechterei, Leinenverarbeitung, Müllereigewerbe, Kunsthandwerk) konnten die entstandenen Lücken nur beschränkt schliessen.

Mit frischem Mut voran

Aufwärts ging es mit Avegno erst wieder nach dem Zweiten Weltkrieg – dank rascheren Verkehrsmitteln, besseren Zufahrten und der Industrialisierung. Begünstigt durch die Nähe zum Locarnese und die gut ausgebauten öffentlichen Verkehrsmittel (Bus), aber auch wegen der ruhigen Lage im Grünen ist die Bevölkerung in den letzten Jahren langsam, aber stetig gewachsen. Sie hat nach dem Tiefstand von 1941 (167 Einwohner) wieder die Grössenordnung von Mitte des 19. Jahrhunderts erreicht, als die Gemeinde 399 Seelen zählte. Damit einhergegangen ist auch eine erfreuliche Verjüngung durch Einheirat oder Rückwanderung von Avegnesi. Die schulpflichtigen Kinder allerdings müssen auswärts in den Unterricht, ins Centro Scolastico Bassa Valle Maggia (Primarstufe) und in die Sekundarschule von Cevio. Im Gegensatz zu vielen andern Gemeinden des Kantons gehören der Boden und die Liegenschaften mehrheitlich Einheimischen, nämlich

Indem in Avegno auf zahlreichen Strassen, Wegen und Plätzen die ursprüngliche Kopfsteinpflästerung wiederhergestellt wurde, hat das Gemeinwesen nicht nur erhebliche Mehrkosten auf sich genommen, sondern kam auch wieder zu einem faszinierenden öffentlichen Raum.

zu 70 Prozent. Und zwar Eigentümern, die das ganze Jahr in Avegno wohnen.
Am Ort selbst finden sich rund 130 Arbeitsplätze, wovon der grösste Teil in gewerblichen und kleinindustriellen Unternehmen. Dazu zählen unter anderem eine mechanische Werkstatt, Kies- und Betonwerke, elektrotechnische Betriebe, eine Sägerei und eine Schreinerei. Vier Fünftel der berufstätigen Avegnesi arbeiten allerdings auswärts und pendeln täglich zwischen ihrem Wohnort und dem Raum Locarno hin und her, während die Stellen in der Gemeinde vorwiegend von Auswärtigen besetzt sind. Stark geschrumpft ist aber auch in Avegno die Landwirtschaft. Aus den noch vorhandenen 14 Kleinbetrieben mit Ziegen, Schafen, Hühnern, etwas Wein- und Ackerbau beziehen sieben ständige und dreissig Teilzeit-Arbeitskräfte ihr Einkommen. Ausserdem sind eine ganze Reihe von Einwohnern nebenberuflich während der Freizeit auf gepachteten Grundstücken in und ausserhalb der Gemeinde als Bauern tätig. Durch vermehrte Diversifizierung der einheimischen Wirtschaftsstruktur hofft die Gemeinde, auch in Zukunft überleben zu können.

Der Tessiner Steinbau

In Avegno sind mehrere Bauformen vereinigt. Am verbreitetsten aber ist der für das Tessin typische Steinbau. Die meist kleinen, zuweilen schmalen und in die Höhe strebenden Häuser fallen durch ihr natürliches Bruchsteinmauerwerk auf, bei dem kleine und grosse Steine nach einer verblüffenden Technik auf- und nebeneinandergeschichtet sind. Zweites Merkmal dieser rustikalen Gebäude sind ihre Steinplattendächer, die von einem hölzernen Gebälk getragen werden und sich hervorragend in die Landschaft einfügen. Um einen Quadratmeter Dach zu decken, bedarf es der vierfachen Steinplattenfläche, da die Platten fächerartig übereinandergelegt werden müssen. Das führt zu aussergewöhnlich schweren (400–500 Kilo pro Quadratmeter) und heutzutage recht kostspieligen Dachkonstruktionen. Als drittes Element prägen das Tessiner Haus häufig die steinernen Aussentreppen und die Lauben (Loggien), mit denen sich die meist knappe Wohnraumfläche etwas vergrössern liess. So wurden und werden die Lauben gerne als Wäschehänge oder zum Trocknen von Tabakblättern, Maiskolben usw. benützt, und die Aussentreppe (oder auch nur eine Leiter) ersparte ein Treppenhaus im Innern. Dieses ist übrigens turmartig gegliedert und führt vom Keller über die Küche/Wohnraum zur Schlafkammer und bis hinauf zum Dachraum.

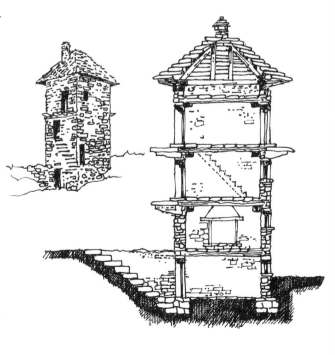

Als Aushängeschild Avegnos ist sicher «Vinzott» zu bezeichnen. Vom Durchgangsverkehr verschont, wirkt dieser Gemeindeteil mit einer wohltuenden Ruhe auf die Bewohner. Enge Gässchen und herausgeputzte Tessiner Steinhäuser prägen die Idylle.

Mitte und rechte Seite: An der alten Maggiatalstrasse liegt die Fraktion «Chiesa». Sie bildet mit der auf das Jahr 1313 zurückgehenden Kirche San Abbondio, dem Gemeindehaus, der Post, einem Laden, Ristorante und vornehmen Patrizierhäusern das eigentliche Gemeindezentrum.

In «Lüdint», dem hintersten Weiler, gibt noch das traditionelle Bauernhaus den Ton an, auch wenn hinter den Mauern längst nicht mehr nur Landwirte wohnen und die umliegenden Kulturen vorwiegend von Nebenerwerbs- und Hobbybauern betreut werden. Durch die Ortsplanung ist die räumliche Einheit von Landwirtschafts- und Siedlungsgebiet sichergestellt.

Oben: Die südalpine Architektur Avegnos wird bestimmt von einfachen Bruchsteinhäusern mit Gneis- und Granitdächern und romantischen Kastanienholzloggien. Die Häuser gehören zu drei Vierteln Einheimischen, die das ganze Jahr über hier leben und ihre Liegenschaften bald sanfter, bald «perfekter» renoviert haben.

Unten: Was ein richtiges Tessiner Dorf sein will, besitzt ein Grotto, genauso wie Stätten religiöser Fürbitte, welche die Wege säumen und von den Sorgen und Nöten früherer Generationen Kunde geben.

1983:
Muttenz BL

Ortsbilderhaltung im Industriegebiet

Die Industriegemeinde vor Basels Toren – ein ortsbildpflegerischer Musterknabe? Hätten da andere Städtchen und Dörfer die Auszeichnung nicht eher verdient und nötiger als ausgerechnet eine Ortschaft, die während der Nachkriegszeit einer Bauentwicklung frönte, wie sie die Heimatschützer sonst eher bekämpfen? Solche Fragen erschienen 1983 berechtigt, wenn man die Besonderheiten, denen eine typische Agglomerationsgemeinde ausgesetzt ist, nicht näher kennt und berücksichtigt. Die Art und Weise, wie Muttenz ihnen begegnet war, hatte denn auch den Preisstifter die Beurteilungskriterien erweitern lassen und der Muttenzer Bevölkerung die begehrte Auszeichnung eingetragen. Begründet wurde die Preisverleihung mit den Anstrengungen der Gemeinde, die historische Bausubstanz in einer stark industrialisierten Umgebung zu erhalten, durch eine gezielte Bodenpolitik und Ortskernplanung eine gesunde Durchmischung traditioneller und neuzeitlicher Nutzungen zu gewährleisten sowie die zeitgenössische Architektur mit den geschichtlich gewachsenen Strukturen zu verbinden.

Uralter Kulturboden

Doch blenden wir zuerst etwas zurück: Die Muttenzer leben auf traditionsreichem Boden. Ihre Vergangenheit reicht zurück in vorgeschichtliche Zeiten, als hier die Kelten lebten. Später, als die Römer nach Norden vordrangen und 44 v. Chr. die Stadt Augusta Raurica gründeten, blühte am Rhein eine grosse Kultur auf. Es entstanden Theater, Tempelbauten, Badeanlagen, staatliche Gutshöfe und Landhäuser, Weinberge. Auch in Muttenz finden sich noch heute Spuren jener Tage, so Reste römischer Warten auf dem Wartenberg, dem Wahrzeichen der Gemeinde. 450 fassten die Alemannen in dem Gebiet Fuss und zwangen die Römer zum Rückzug. Aber schon 46 Jahre später wurde die Region dem Frankenreich einverleibt und christianisiert. Aus dieser Zeit stammt die erste Muttenzer Kirche, die vermutlich vom Domstift von Strassburg erbaut wurde und dem heiligen St. Arbogast geweiht ist.

Im 12. Jahrhundert belehnte der dortige Bischof die Grafen von Froburg – ebenfalls Elsässer – unter anderem auch mit seinen Muttenzer Besitztümern. 1306 wurde «Mittenza» habsburgisches Lehen und ging danach an die Münche von Münchenstein über. Finanzielle Misswirtschaft zwang diese jedoch 1470 dazu, ihre Herrschaften Muttenz und Münchenstein der Stadt Basel zu verpfänden, bis sie 1516 aus dem österreichischen Staatsverband herausgelöst wurden. Als Vertreter der Basler Obrigkeit amteten während nahezu 300 Jahren deren Statthalter (Obervögte) in meist gutem Einvernehmen mit den Untertanen. Nach der Französischen Revolution wurde in Muttenz 1803 die erste Gemeinde- und Gerichtsbehörde eingesetzt. Die «neue Ordnung» gipfelte 1833 darin, dass sich die Gemeinde endgültig von der Stadt Basel trennte.

Vor Basels Toren

Bis gegen Ende des 19. Jahrhunderts blieb Muttenz ganz und gar bäuerlich. Besonders gepflegt wurden der Getreide- und Weinbau. Um die Jahrhundertwende noch ein Bauerndorf mit 2500 Einwohnern, die mehrheitlich in ärmlichen Verhältnissen lebten, entwickelte sich die Gemeinde in den zwanziger Jahren zu einem Arbeiter- und Angestellten-Vorort der Stadt Basel. Besonders markant stieg die Bevölkerungszahl zwischen 1950 und 1970, als durchschnittlich jedes Jahr 400 neue Einwohner hierher zogen. Damit einher ging eine starke Zu- und Abwanderung der Bevölkerung. Heute ist Muttenz mit gut 17000 Einwohnern eine wohlhabende Wohn- und Industriegemeinde.

Von den 200 Landwirtschaftsbetrieben, die hier um die Jahrhundertwende existierten, gab es 1950 noch knapp dreissig. Heute sind es sogar nur mehr neun ausserhalb des Baugebietes und drei innerhalb der Bauzone. Dafür besitzt Muttenz jetzt nicht weniger als 10000 Arbeitsplätze, wovon 62 Prozent in Industrie, Handwerk, Bau- und Metallgewerbe, 37 Prozent in Dienstleistungsbetrieben und 1 Prozent in der Landwirtschaft. Hauptarbeitgeber ist die chemische Industrie, gefolgt von der Metall- und Maschinenindustrie. Für die Gemeinde und die ganze Schweiz eine wichtige Rolle spielt sodann der Rheinhafen Au-Birsfelden, wo vor allem Benzin, Kohle, Erde und Schwergüter umgeschlagen werden. Verkehrswirtschaftlich noch bedeutsamer ist der 1976 fertiggestellte und automatisierte Rangierbahnhof der Schweizerischen Bundesbahnen. Erwähnen wir noch, dass sich Muttenz in der jüngeren Vergangenheit zu einem regionalen Bildungszentrum entwickelt hat, sind doch hier die Ingenieurschule beider Basel sowie eine Gewerbeschule untergebracht.

Umdenken in der Ortskernplanung

Es versteht sich, dass diese explosive Entwicklung der Gemeinde nicht ohne Nebenwirkungen geblieben ist. Diese verursachte den Behörden bezüglich Infrastruktur, Bodenpolitik und Siedlungsplanung während Jahrzehnten etwelches Kopfzerbrechen. Bis weit ins 19. Jahrhundert hinein hatte sich nämlich die Kleinbauern- und Taglöhnersiedlung kaum verändert. Oberdorf und Hauptstrasse waren bis 1911 vom offenen Dorfbach durchflossen, weshalb sie noch heute ungewöhnlich weit anmuten. Seit den dreissiger Jahren wurde dann das bisher landwirtschaftlich genutzte Gebiet ausserhalb des Dorfkerns zusehends durch eine ungeordnete Streubauweise zersiedelt. Der historische Kern jedoch blieb anfänglich vom Baufieber verschont und verdichtete sich nur langsam. Dennoch gingen viele Landwirtschaftsbetriebe im Zentrum ein, die Bauernhäuser verloren ihre einstige Funktion und wurden von ihren Besitzern als potentielle Abbruchobjekte billig verkauft. Gastarbeiter – an bescheidenere Verhältnisse gewöhnt – bewohnten sie. Der Gebäudeunterhalt wurde vernachlässigt, und man befürchtete, dass der Dorfkern früher oder später verlottern würde. Etwas musste also geschehen.

Die Gemeindebehörden erkannten die Gefahr gerade noch frühzeitig genug, um Gegensteuer zu geben und die Ortsplanung an die Hand zu nehmen. Zwar wehrten sich die Hauseigentümer anfänglich gegen die sich anbahnende Beschränkung ihrer Überbauungsmöglichkeiten, hofften sie doch, aus höheren Zentrumsbauten grössere Renditen herauswirtschaften zu können. Doch schliesslich lenkten auch die Skeptiker mehrheitlich ein und folgten dem Stimmungsumschwung. Man war trotz der rundum fortschreitenden Verstädterung willens, die überlieferte ländliche Dorfstruktur zu erhalten und dafür die rechtlichen Voraussetzungen zu schaffen. 1965 hiess die Gemeindeversammlung einen Teilzonenplan für den Ortskern gut. So konnte das Dorfzentrum rund um die Kirche bewahrt, teilweise neu gestaltet und im untern Teil der Hauptstrasse eine städtebauliche Entwicklung eingeleitet werden. Davon zeugt etwa die aus einem Architekturwettbewerb hervorgegangene Quartierplanüberbauung «Gempengasse Ostseite».

Behörden voran

Für die Behörden war aber klar, dass es mit einem solchen Plan noch nicht sein Bewenden haben konnte und dass die Gemeinde vielmehr dazu übergehen musste, eine konsequente Ortsbildpflegepolitik zu verfolgen. Zu diesem Zweck kaufte sie besonders gefährdete Liegenschaften auf und gab sie im Baurecht weiter. So vermochte sie, den Lauf der Dinge zu beeinflussen, ohne sich dabei finanziell zu übernehmen. Gleichzeitig stand die Bauverwaltung umbauwilligen Hauseigentümern beratend bei und half ihnen bei der Lösung ihrer nicht immer einfachen Renovationsaufgaben. Mit ihrer Politik ging es der Gemeinde indessen nicht nur darum, die historische Bausubstanz in die Zukunft hinüberzuretten. Wollte man das Dorfzentrum wirklich wiederbeleben, mussten nämlich auch zeitgemässe Wohnungen bereitgestellt sowie möglichst vielfältige Gewerbebetriebe und Detailhandelsgeschäfte angesiedelt werden. Das Vorbild der Gemeinde zog

Kreise, denn immer mehr gingen die privaten Hausbesitzer von sich aus dazu über, ihre Liegenschaften zu renovieren. Die Gemeindebehörden unterstützten sie darin nicht nur fachtechnisch, sondern auch finanziell – beispielsweise mit Beiträgen an Projektstudien, an Biberschwanzbedachungen, Baumbepflanzungen und Pflästerungen. Die Gemeinde übernimmt aber auch Parzellenanteile und tauscht sie gegen anderes Bauland.
Hier, wie überall in historischen Räumen, handelt es sich ja darum, die überlieferten Strukturen soweit wie möglich zu erhalten, sie aber zugleich neuen Funktionen zu erschliessen. Das sind zwei Bedingungen, die – wie die Praxis lehrt – nicht immer auf einen Nenner zu bringen sind, besonders, wo die Gefahr der Übernutzung droht. Denn überrissene Renovationen oder Umbauten können Liegenschaften übermässig aufwerten und verteuern. Einen Ausweg aus diesem Dilemma gibt es nur, indem die Bauernhäuser möglichst sanft renoviert und nur solchen Nutzungen zugeführt werden, die sich mit der Altbausubstanz vertragen. Und das ist mitunter eine regelrechte Gratwanderung. Nicht zuletzt deshalb ist zurzeit eine vom Gemeinderat eingesetzte Arbeitsgruppe daran, die Ortskernvorschriften zu überarbeiten.

«Mittenza» – ein Pionier-Zentrum

Nichtsdestoweniger: die Muttenzer Ortskernplanung war schon bisher erfolgreich. Dazu beigetragen hat das 1970 eingeweihte Gemeindezentrum. Am Anfang seiner Geschichte stand die Idee, einerseits das alte Dorf, das zu den schönsten Beispielen ländlichen Bauens gezählt werden darf, wiederzubeleben und anderseits der stark expandierenden Gemeinde wieder einen Mittelpunkt zu geben, von dem sie ausstrahlt und mit dem sich ihre Bevölkerung identifiziert. «Mittenza», so nennt sich der ganze Komplex, befindet sich in unmittelbarer Nähe der Dorfkirche und ist inzwischen zum Wahrzeichen der Gemeinde geworden. Er besteht aus drei Baukörpern mit Gemeindeverwaltung, Geschäfts-

---

Jedem Haus sein Dach

Das Dach eines Hauses schützt nicht nur die Menschen und Tiere, die darin leben, und die Güter, die in ihm untergebracht sind, vor Witterungseinflüssen. Es prägt auch in entscheidendem Masse die äussere Erscheinung eines Gebäudes und einer Häusergruppe und damit zugleich das Ortsbild insgesamt. Dabei sind besonders drei Gesichtspunkte wichtig:

• Dachform: Sie wird vom Klima, der Hausfunktion, von der Konstruktionsart, vom Gebäudevolumen und von der regionalen Bautradition bestimmt. Deshalb benötigt eine Scheune, in der viel Heu untergebracht werden muss, ein anderes Dach als etwa ein Einfamilienhaus. Wir unterscheiden zwischen Sattel-, Walm-, Krüppelwalm-, Mansard-, Pult- und Flachdächern, wobei die ersteren am stärksten verbreitet sind.

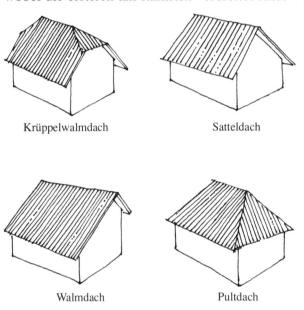

Krüppelwalmdach   Satteldach

Walmdach   Pultdach

• Firstrichtung: Der First ist der höchste Punkt eines Daches. Seine Ausrichtung ist für das Zusammenspiel der Häuser von grosser Bedeutung. Einerseits wird die Firstausrichtung durch die Sonneneinstrahlung, die Witterungseinflüsse (zum Beispiel gegen die häufigsten Wind- und Niederschlagsströmungen), die Geländetopographie und die bestehende Baustruktur bestimmt. Anderseits beeinflusst sie selber das Bild eines Strassenzugs, Quartiers, einer Ortschaft, ja einer ganzen Landschaft.

• Bedeckung: Diese hat sich dank neuer Materialien und Deckmethoden stark verändert. Wurden die Dächer früher zuoberst häufig mit Stroh abgedeckt, traten später Holzschindeln an dessen Stelle. Weit verbreitet sind seit der Römerzeit auch verschiedene Ziegelformen. Andere Gegenden benützen Steinplatten. Jüngeren Datums sind demgegenüber Eternit, Aluminium, Kupfer und Beton.

Schon 1965 hiess die Gemeindeversammlung von Muttenz einen Teilzonenplan für den Ortskern gut. So konnte der ländliche Bereich rund um die Kirche weitgehend bewahrt, schonend umgestaltet oder durch geschickt eingefügte moderne Bauten – darunter das Gemeindezentrum «Mittenza» – ergänzt werden.

haus und einem Hotel-Restaurant mit verschiedenen Räumlichkeiten. Die drei Gebäude umschliessen einen Hof mit Durchgängen zur Hauptstrasse und zum Kirchplatz und fügen sich in Massstab, Gliederung und Material vorbildlich in ihre historische Umgebung ein. Man mag zwar im einzelnen geteilter Meinung sein, doch der Versuch, in grösserem Stil Neues in Altes einzugliedern, ohne dabei einem anbiedernden Heimatstil zu verfallen, ist hier zweifellos gelungen.
Dieser geglückten Symbiose vorausgegangen war ein genaues Studium der Muttenzer Bauernhäuser. Dazu sagt der Baselbieter Denkmalpfleger Dr. Hans-Rudolf Heyer: «Zweigeschossige, glatt verputzte Kuben liegen unter mächtigen Satteldächern mit dünner Dachhaut, wobei zur Vermeidung unschöner Dachaufbauten die Belichtung der Dachräume durch Fenster in den oben aufgelösten Giebeln erfolgt. Dieser Versuch geschah hier lange vor den Bestrebungen ähnlicher Art und darf als hervorragend bezeichnet werden. Er war sowohl in Heimatschutzkreisen als auch bei Architekten lange Zeit umstritten, erweist sich heute aber als Pionierbau.» Eines ist sicher: Die «Mittenza» hat die Weiterentwicklung des Muttenzer Ortskerns und den Umbau der umliegenden Bauernhäuser erheblich beeinflusst und den Ortskern auf tragbare Art und Weise aktiviert und saniert. Und sie hat geholfen, ein wesentliches Element der hiesigen Kulturgeschichte inmitten einer stark industrialisierten Umgebung in die Zukunft hinüberzuretten.

Bauerndorf und Gartenstadt

Kulturgeschichtlich von Bedeutung ist vor allem die Dorfkirche St. Arbogast, deren Ursprünge auf das 8. Jahrhundert zurückgehen. Sie wurde 1359 vollendet und im 15. Jahrhundert mit einer Zinnkranz-Mauer, Tortürmen und einem Wachthäuschen umringt. Heute ist sie die einzige befestigte Kirchenanlage der Schweiz, die noch erhalten ist. Neben der Kirche stehen das Bein- und ehemalige Sigristenhaus, und im Innern birgt das Gotteshaus spätgotische Wandbilder, die während der letzten Restaurierung von 1973 bis 1975 freigelegt wurden. Von der Kirche aus strahlen Strassen und Gassen in fünf Richtungen, oft unterbrochen von kleinen Plätzen und steinernen Brunnen. Ihnen entlang reiht sich eine lange Kette typischer Bauernhäuser vom 16. bis 19. Jahrhundert. Bestimmt werden sie von steilen Satteldächern und wuchtigen, rundbogigen Tenneingängen. Wohnteil, Scheune und Stall folgen sich in gleichmässigem Rhythmus, obschon hinter den Mauern längst keine Landwirte mehr leben. Das Muttenzer Bauernhaus, welches zuweilen mit originellen Details geschmückt ist, vereinigt als Vielzweckgebäude Wohn- und Wirtschaftsteil unter einem First. Es ist schmal, aber tief angelegt, Wohnung, Scheune und Stall werden von der Strasse aus betreten, während sich der Garten und die angebauten Wirtschaftstrakte auf der Hinterseite befinden.
Im weiteren Umfeld der Kernzone erheben sich die mittelalterlichen Burgruinen auf dem Wartenberg, über deren Ursprünge man sich jedoch nicht im klaren ist. Zu den bedeutendsten Vertretern des schweizerischen Sozialwohnungsbaues der Zeit zwischen den beiden Weltkriegen gehört die Genossenschaftssiedlung Freidorf, eine Stiftung des Verbandes Schweizerischer Konsumvereine. Um einen zentralen Platz mit Genossenschaftshaus und Spielwiese gruppieren sich 150 Reihenwohnhäuser mit Vor- und Pflanzgärten. Die von Hannes Meyer konzipierte Anlage verbindet Gartenstadt- und Genossenschaftsidee; sie wird nach aussen hin von Mauern abgegrenzt und von Baumalleen umsäumt und bildet eigentlich ein Dorf für sich.

Am Rande des bis zum Beginn unseres Jahrhunderts vollkommen bäuerlich geprägten Dorfes ist im Laufe der Jahrzehnte eine moderne Industrie- und Wohnstadt aus dem Boden geschossen. Zu ihren Schwerpunkten gehören die chemische Industrie, der Rheinhafen Au-Birsfelden und der 1976 fertiggestellte automatische Rangierbahnhof.

Links, Mitte, rechts: Immer mehr gingen in Muttenz die Bauernhöfe ein. Die Häuser verloren dadurch ihre Funktion und wurden von ihren Besitzern als potentielle Abbruchobjekte billig verkauft. Angesichts dieser Entwicklung machte sich deshalb die Gemeinde daran, besonders gefährdete Liegenschaften aufzukaufen und sie Umbauwilligen im Baurecht weiterzugeben. Inzwischen sind die meisten ehemaligen Bauernhäuser im Ortskern erneuert worden und dienen nun Wohnzwecken sowie Gewerbe-, Handels- oder Dienstleistungsbetrieben.

Die Dorfkirche St. Arbogast, deren Ursprünge auf das 8. Jahrhundert zurückgehen, wurde 1359 vollendet und im 15. Jahrhundert mit einer Zinnkranz-Mauer und Tortürmen umringt. Heute ist sie die einzige befestigte Kirchenanlage der Schweiz, die noch erhalten ist.

1984:
Wil SG

Mehr Lebensqualität dank Planung

Als der Schweizer Heimatschutz den Wakker-Preis 1984 der Stadt Wil überreichte, tat er dies aus zwei Gründen: Einmal sollte die Fürstenlandgemeinde für die integrale Erhaltung ihrer Altstadt als Lebensraum belohnt werden. Und zweitens galt die Auszeichnung den Behörden und der Bevölkerung für ihre vorbildliche Zentrumsplanung. Dank deren gemeinsamem Bemühen ist es hier nämlich gelungen, den historischen Stadtteil nicht nur zu sichern, sondern auch massgeblich aufzuwerten. Mit der Zentrumsplanung, die den Altstadtbereich mit den umliegenden neueren Quartieren verbindet, sind die Strassen schrittweise zugunsten der Fussgänger vom Autoverkehr entlastet worden. Verschiedene Schutzzonen rund um das mittelalterliche Städtchen verhindern zudem, dass dieses durch beeinträchtigende Bauten verunstaltet wird. Schon 1976 war Wil deshalb vom Europarat «für seine Verkehrs- und Grünplanung und die Restaurierungsarbeiten» geehrt worden. Doch lassen wir das noch und werfen wir zunächst einen Blick in die Vergangenheit.

Wechselvolle Geschichte

Obwohl bereits im Jahre 754 erstmals in einer Schenkungsurkunde als alemannische Siedlung Wila erwähnt, fehlt jeder schriftliche Hinweis auf die Gründung der Stadt. Immerhin scheint sie um 1200 als Marktplatz und Stützpunkt der Freiherren und späteren Grafen von Toggenburg errichtet worden zu sein. 1266 wurde Wil zusammen mit der Stammburg der Toggenburger (heute Iddaburg bei Gähwil) dem Kloster St. Gallen geschenkt. Von wenigen Unterbrüchen abgesehen, blieb dann die Stadt bis zum Untergang des Stiftes im Jahre 1798 dessen Eigentum. Allerdings erlebte Wil dazwischen manchen Wirbel. So geriet die Stadt 1292 durch einen Handstreich an die Habsburger und wurde dabei niedergebrannt. Ihre Einwohner übersiedelten deshalb nach Schwarzenbach, der habsburgischen Konkurrenzstadt jenseits der Thur. Doch auch hier sollten sie keine Ruhe finden.

Nach einem Vergleich der Parteien wurde die Ortschaft 1303 geschleift, Wil wieder aufgebaut und 1310 dem Abt von St. Gallen zurückgegeben. 1407/08 waren dann die Appenzeller die Stadtherren von Wil, von 1529 bis 1531 der Stand Zürich, und von 1712 bis 1718 führten hier Zürich und Bern abwechslungsweise das Zepter. Als der alte Bund zusammengebrochen war und die Helvetische Republik ausgerufen wurde, war Wil Munizipalgemeinde des Kantons Säntis und wurde 1803 als politische Gemeinde in den Kanton St. Gallen einverleibt. Seit 1831 ist die Stadt Hauptort des damals geschaffenen Bezirks Wil.

Knotenpunkt der Region

Zukunftsweisend für die Gemeinde wurde das Jahr 1855, als die Eisenbahnlinie Winterthur–Wil ihren Betrieb aufnahm. Sie wurde ein Jahr später bis nach Rorschach verlängert. Am Eingang ins Toggenburg gelegen, drängte sich für den Ort natürlich auch eine Verbindung in dieses Voralpengebiet auf. Sie wurde 1870 mit der Linie Wil–Ebnat eröffnet. 1884 folgte eine Schmalspurstrecke nach Frauenfeld und 1911 ein Schienenweg nach Konstanz. Die Drehscheibenfunktion Wils zog es zudem nach sich, dass man von hier aus schrittweise sechs Postautokurse in die nähere und weitere Region einführte. 1969 wurde die Stadt der Nationalstrasse N1 angeschlossen, und heute ist Wil ein regionales Zentrum mit einem Einzugsgebiet von über 60000 Einwohnern. Insbesondere nach dem Zweiten Weltkrieg hat sich die Gemeinde stark entwickelt, in den letzten zehn Jahren ausschliesslich wegen des höheren Ausländeranteils. Zählte sie 1900 noch 5000 Einwohner und 1941 erst 7740, kletterte der Bestand bis 1970 auf 14500. Ende 1990 lebten in Wil 16048 Menschen.

Mit diesem «Steilflug» konnte das Arbeitsplatzangebot nicht ganz Schritt halten. 1980 fanden sich am Ort selbst 8500 Arbeitsplätze, nämlich knapp zwei Prozent in der Landwirtschaft, 36 Prozent in Gewerbe und Industrie und 62 Prozent im Dienst-

111

leistungssektor. Ein grosser Teil der Erwerbstätigen sind Zu- und Wegpendler. Dominierte im 19. Jahrhundert die Textilindustrie, beherrschen heute Dienstleistungsbetriebe aller Art die lokale Wirtschaftsstruktur. Die Zentrumsrolle Wils äussert sich unter anderem auch in einem eigenen Spital, einem regionalen Alters- und Pflegeheim und in einer kantonalen Berufsschule. Ausserdem hat die Gemeinde im Südquartier Land für eine von Stadt und Region seit langem ersehnte Mittelschule reserviert. Mit der Tonhalle, dem Stadtmuseum, verschiedenen Privatgalerien und dem geplanten Stadtsaal beim Bahnhofplatz hat Wil aber auch auf kulturellem Gebiet einiges zu bieten.

Altstadt als Visitenkarte

Trotz der intensiven Bautätigkeit während der letzten Jahrzehnte, darf sich Wil rühmen, eine der besterhaltenen Altstädte der Ostschweiz zu besitzen. So jedenfalls äussern sich die Experten. Die mittelalterliche Stadtanlage thront auf einem langgestreckten, flachen Moränenhügel mitten im Thurtal. Sie bildet einen spitzovalen Grundriss mit zwei äusseren Häuserzeilen und zwei Hauptgassen, der Kirch- und der Marktgasse, mit vier Querverbindungen durch einen mittleren Häuserkern. Abgeschlossen werden die beiden Enden des Ovals durch ein Tor im Osten und einen schmalen Durchgang im Westen, die beide über eine Rampe aus der Altstadt hinunterführen in die tiefer gelegenen Vorstädte. Während die beiden Hauptzeilen die ursprüngliche Begrenzung der Stadt markieren und sich durch eine äusserst kompakte Bauweise auszeichnen, ist der mittlere Kern aufgelöst in mehrere Einzelbauten, lauschige Plätze und Durchgänge. Typisch für die Wiler Altstadt, die in ihrer Grundkonzeption stark dem sanktgallischen Uznach ähnelt, ist ihre burghafte Anlage mit engen und teils steil ansteigenden Gassen. An der Marktgasse laden romantische Lauben, die noch heute an den einstigen Marktflecken erinnern, zum Flanieren ein. Die meist vierstöckigen, schmalbrüstigen Bürgerhäuser sind überwiegend in Riegelbauweise konstruiert und stammen aus dem 15. bis 19. Jahrhundert. Ein Grossteil von ihnen ist in der jüngsten Vergangenheit renoviert und vor allem im Erdgeschoss neuen Nutzungen (Geschäfte) zugeführt worden, dieweil die oberen Stockwerke beliebte Wohnobjekte geblieben sind. Neben den spätbarocken Wohn-, Gewerbe- und Gasthäusern seien hier an herausgenden Bauten nur einige erwähnt: die Pfarrkirche St. Nikolaus aus dem 14. Jahrhundert mit ihrem bunt-behelmten Turm, der «Hof» mit der Statthalterei (1302), das spätbarocke Rathaus von 1784, das 1607 erbaute Gerichtshaus, in dessen Stube einst die «besseren Herren» verkehrten, oder das «Baronenhaus», welches als bedeutendster klassizistischer Herrschaftssitz des Kantons St. Gallen gilt. Und was wäre ein Rundgang, ohne sich an den schmucken Brunnen zu erfreuen, die an den städtebaulich markantesten Plätzen seit Jahrhunderten dahinplätschern! Kunstvolle Portale und Täfer, Stukkaturen und Fresken schmücken die Fassaden und das Innere zahlreicher Häuser und zeugen sowohl vom Selbstbewusstsein der früheren Äbtestädter als auch vom Willen der jetzigen Stadtbewohner, zu ihrem historischen Erbe Sorge zu tragen.

Neue Freiräume für Fussgänger

Vor allem im Zuge der Industrialisierung und des Eisenbahnbaus hat sich Wil zwischen dem 18. und 19. Jahrhundert rasch über seine ursprünglichen Gemarchungen hinaus ausgedehnt. So entstanden mit der Zeit am Fusse der Altstadt mehrere neue Quartiere, die sich zwar hinsichtlich Siedlungsstruktur, Aussenraumcharakter und Erscheinungsform der Gebäude beträchtlich voneinander unterscheiden, insgesamt jedoch noch heute ein relativ geschlossenes Zentrumsgebiet bilden. Hier stösst der Besucher auf verschiedene bemerkenswerte Einzelgebäude des 18. und 19. Jahrhunderts sowie auf städtebaulich interessante Ensembles mit stark durchgrünten Freiräumen, Gärten und Vorgärten. Daneben durchsetzen Monumentalbauten des Historismus, Gewerbehäuser und sozialgeschichtlich aufschlussreiche Arbeitersiedlungen die Strassenzüge und Plätze. Ein sanfter Hauch von «Grossstadt» umweht besonders die Hauptachse zwischen Bahnhof, Schwanenplatz und Altstadt mit ihrer markanten Baumallee und ihren starken Neubauakzenten, die indessen leider nicht alle zu überzeugen vermögen. Gewisse Geschäftshäuser muten in der feingliedrigen Umgebung wie «Elefanten in der Porzellanschale» an!

Das Wiler Baugesetz sorgte zwar schon früh dafür, dass mit dem architektonischen Erbe der Altstadt vorsichtig umgegangen werde. Zunehmend Sorgen bereitete jedoch die Aussenraumgestaltung ihrer unmittelbaren Randgebiete. Denn während der Hochkonjunktur gerieten diese immer mehr unter Baudruck, und moderne Geschäftshäuser mit Zentrumsfunktionen für die ganze Region brachten die einst gesunde Nutzungsdurchmischung dieser Quartiere durcheinander. Zudem begann auch der

Der Ständerbau

Ob ländliches Bauernhaus oder städtisches Bürgerhaus, in bezug auf die Konstruktionsart unseres architektonischen Erbes lassen sich vor allem vier Haustypen ausmachen: der Ständerbau, der Fachwerkbau, der Blockbau und der Steinbau. Hier soll nur vom Ständerbau die Rede sein, denn die drei übrigen Typen werden auf den Seiten 47, 90 und 98 besprochen. Der Ständerbau ist die älteste nachweisbare Konstruktionsform der Schweiz. Sein Rahmengerüst besteht aus sich rechtwinklig schneidenden, durchgezapften, mit Keilen gesicherten und auf Schwellen sitzenden senkrechten Balken (Ständer). Die dazwischenliegenden Gefache sind zumeist mit horizontal liegenden dicken Brettern (Bohlen) oder Kanthölzern ausgefüllt. Häufig werden bei dieser Technik einzelne Wände auch im Fachwerk errichtet. Ständerbauten findet man im ganzen Mittelland, in entlegenen Bauerndörfern wie in alten Städten.

Ein besonders schönes Beispiel ist in Wil das Haus an der Marktgasse 6. Es stammt aus dem 16. Jahrhundert und wurde 1974 umfassend renoviert. Die hier verfolgbare älteste Holzbauweise zeichnet sich durch die senkrechten, über zwei Geschosse laufenden Ständer aus, mit denen das übrige Balkengerüst verbunden ist. Als weiterer interessanter Vertreter der Ständerbautechnik in

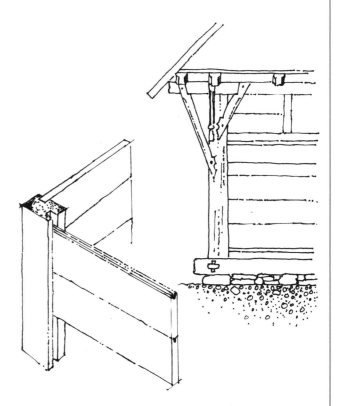

Wil ist der sogenannte «Hartz» zu erwähnen, ein schon 1585 als Trinkstube aufgeführtes Gebäude mit einem französisch inspirierten Mansardwalmdach.

Vom Stadtweiher aus, einem herrlichen Naherholungsgebiet, zeigt sich die Wiler Altstadt von ihrer attraktivsten Seite. Links neben der Bürgerhausreihe mit steilen Satteldächern erhebt sich wuchtig der Hof. Hier regierten vormals die Toggenburger und später die St. Galler Fürstäbte.

Individualverkehr im Stadtkern seinen hohen Preis zu fordern. Durch Strassensanierungen, denen häufig schöne Vorgärten geopfert wurden, drohte deshalb das Wohn- und Arbeitsumfeld in diesem Gebiet zu verarmen. Um dem entgegenzutreten, nahm die Gemeinde 1978 eine umfassende Zentrumsplanung in Angriff, die 1980 mit einer öffentlichen Auflage abgeschlossen wurde. Aus ihr sind sechs Überbauungs- und Gestaltungspläne für die obere Bahnhofstrasse (Geschäftsviertel) hervorgegangen, die mit den betroffenen Grundeigentümern besprochen, bereinigt und dann in Kraft gesetzt wurden.

Mit der Zentrumsplanung ist unter anderem vorgesehen, den Bahnhofplatz neu zu gestalten und in der Altstadt Strassen und Plätze noch besser nach ortsbildpflegerischen Gesichtspunkten auszurichten. Zudem soll zwischen Bahnhof und Altstadt eine durchgehende, vom Autoverkehr befreite und für den Fussgänger erlebnisreiche Verbindung entstehen. Fernziel ist dabei, im ganzen Zentrumsgebiet ein breitgefächertes Nebeneinander verschiedener Nutzungen – Wohnen, Einkaufen, Arbeiten, Freizeit – sicherzustellen, hier die privaten und öffentlichen Zentrumsfunktionen zu konzentrieren, Verkehrs- und Fussgängerbereiche zu entflechten und neue Freiräume zu schaffen. Ebenso will man weiterhin bestehende Gebäude und Anlagen schützen und dem gestalterischen Durcheinander bei Neuüberbauungen begegnen. Das alles lässt sich freilich nicht von heute auf morgen erreichen, sondern erheischt meist langwierige politische und rechtliche Vorarbeiten und vor allem Verantwortungsbewusstsein, Gemeinsinn und Kompromissbereitschaft seitens der Grundeigentümer und der Bauherrschaft.

Haushalten mit dem Boden

So haben die Behörden 1990 die Totalrevision des aus dem Jahre 1973 stammenden Baureglements an die Hand genommen und es der veränderten Gesetzgebung sowie den neuen Erkenntnissen im Bereich der Ortsplanung angepasst. Die vorgeschlagenen Änderungen, welche zurzeit in der «politischen Mühle» stecken, gehen allerdings weit über die Zentrumsgestaltung hinaus. Im Vordergrund steht das Postulat, mit dem Bauland haushälterischer umzugehen, indem man es fortan besser ausnützen möchte. Dazu ist unter anderem vorgesehen, die verdichtete Bauweise zu fördern und Dachausbauten zu gestatten. Teilweise revidiert wurde sodann der Zonenplan, und zwar mit dem erklärten Ziel, dass in Wil künftig das qualitative gegenüber dem quantitativen Wachstum Vorrang haben müsse. Das klingt zwar nach Schlagworten, schlägt sich aber durchaus in handfesten Massnahmen nieder. Beispielsweise will die neue Planung den gewachsenen Siedlungsstrukturen Rechnung tragen, indem bestehende Bauten nicht einfach abgebrochen und durch grössere neue Häuser ersetzt werden dürfen. Und mit dem Instrument des sogenannten Gestaltungsplanes soll bei Neubauten eine «städtebaulich vorzügliche Gestaltung» unabdingbare Voraussetzung sein, damit überhaupt gebaut werden darf. Obwohl der Teufel bekanntlich im Detail steckt und bei der Verwirklichung planerischer und gesetzlicher Vorschriften im Bauwesen immer wieder knifflige (und hitzige!) Situationen entstehen können, ist der Boden für eine weitblickende Ortsbildpolitik in Wil insgesamt zweifellos gut aufgearbeitet.

Linke Seite, oben: Zwar markiert im alten Kern nach wie vor die Stadtkirche den Mittelpunkt. Aber nicht alles, was an dessen Rand errichtet wurde, kann sich rühmen, ein Vorbild zu sein. Denn während der Hochkonjunktur geriet dieses Band immer mehr unter Baudruck, und moderne Geschäftshäuser brachten die einst gesunde Nutzungsdurchmischung durcheinander.

Linke Seite, unten: Teilansicht der oberen Vorstadt, deren gestaffelte Häuser morgens die ersten Sonnenstrahlen einfangen. Im Hintergrund der Hof mit den Wappen der Abtei St. Gallen, des Fürstabtes Ulrich Rösch und der Grafen von Toggenburg.

Rechte Seite: Typisch für die Wiler Altstadt, die aus zwei Hauptgassen und einem mittleren Häuserkern besteht, sind die engen und teils steil ansteigenden Gassen. Die schmalbrüstigen Häuser stammen aus dem 15. bis 19. Jahrhundert und sind heute begehrte Wohnobjekte.

Mit verdichteten Siedlungsformen und Gestaltungsplänen versucht man in Wil, haushälterisch mit dem Boden umzugehen und zugleich die Forderung nach einer vorzüglichen Bauqualität durchzusetzen. Neuerdings sind auf dem ganzen Gemeindegebiet gestalterisch überzeugende Projekte die Voraussetzung, damit überhaupt gebaut werden darf.

1985:
Laufenburg AG

Neues Wohnen in alten Gassen

Im April 1991 unterbreiteten Gemeinderat, Planer und Planungskommission von Laufenburg ein «Leitbild 2000» zur Ortsplanungsrevision. Darin wird (zu Recht) festgehalten, dass in den letzten Jahren sehr Vieles und Gutes zur harmonischen Entwicklung des Städtchens geleistet worden sei, in der nächsten Zukunft jedoch noch einige Probleme zu lösen wären. Hierher gehören namentlich Fragen rund um die Erneuerung der Altstadt und der Stadtmauer sowie der Nutzung und Gestaltung ihrer Randzonen. Dabei prallen zwei Grundhaltungen aufeinander: eine historisierende, welche nicht nur das Bestehende bewahren, sondern auch das Verschwundene wiedererstehen lassen will, in der Meinung, so die Vergangenheit retten zu können, und eine modernistische Optik, welche die Geschichte als dynamischen Prozess versteht, der auch Veränderungen und Neuerungen in der Sprache der Gegenwart zulässt. Beide Strömungen bilden in diesem städtischen Kleinod seit Jahrzehnten ein Spannungsfeld leidenschaftlicher Kontroversen, die sich indessen bis heute durchaus fruchtbar auf die bauliche Entwicklung und das Ortsbild ausgewirkt haben.

Von Fischern und Schiffsleuten

Laufenburg gilt als eine der ersten Siedlungen am Hochrhein. Wohl weit vor der ersten geschichtlichen Erwähnung im Jahre 1045 wohnten hier Fischer, boten doch die sich auf 1200 Meter erstreckenden Stromschnellen für sie beste Jagdgründe. Dieser «Louffen» (von daher die Ortsbezeichnung) bildete aber ein Hindernis sowohl für die vom Meer her stromaufwärts ziehenden Salme als auch für die frühmittelalterlichen Benützer der Handelswege, die vom Gotthard und Bodenseegebiet rheinabwärts führten. Die Ladung der mit Salz, Fett, Fellen und Tuchballen befrachteten Schiffe musste hier auf Karren gebracht und die leeren Schiffe mussten zwischen den Felsen hinuntergeseilt werden. Hier war aber auch die engste Stelle des Rheins zwischen Basel und Bodensee, weshalb Laufenburg lange vor Basel zu einer Brücke über den Fluss kam. Der wichtige Übergang wurde von den Habsburgern schon früh mit zwei Burgen und 1207 mit einer Stadtanlage geschützt. Bis zur städtischen Selbstverwaltung im Jahre 1787 residierte auf dem Schloss der österreichische Obervogt. Als Napoleon die Österreicher besiegte, ging das Fricktal an Frankreich und von da an die Helvetische Republik über, während der Rhein fortan die Landesgrenze markieren sollte. Laufenburg aber wurde geteilt. Der linksrheinische Teil des Städtchens wurde dem Kanton Aargau zugewiesen, der rechtsrheinische dem Lande Baden.

Mit Wasserkraft bergauf

Als sich im 19. Jahrhundert der Handel immer mehr vom Wasser auf Strassen und Schienen verlagerte, diese aber nur auf der deutschen Seite gebaut wurden, verblieb dem schweizerischen Laufenburg nur noch die Fischerei. Nach langem und hartem Ringen wurde dann aber 1892 die Rheintalbahn Stein–Koblenz eröffnet, und in den dreissiger Jahren dieses Jahrhunderts konnte durch den Bau der Aarebrücke bei Koblenz endlich auch die schweizerische Rheintalstrasse erstellt werden. Von dieser prekären Grenzlage erholte sich Laufenburg erst durch das zwischen 1908 und 1912 erbaute Kraftwerk. Allerdings mussten dafür das einzigartige Naturschauspiel der Stromschnellen und die verbliebenen Fischereieinnahmen geopfert werden. Dafür flossen für damalige Zeiten recht ansehnliche Steuergelder in die Kasse, Industrie siedelte sich an und die Gemeinde blühte auf. Aus dem ehemaligen Kapuzinerkloster entstand ein Bezirksspital. 1928 wurde eines der ersten öffentlichen Schwimmbäder im Kanton eröffnet. Es folgten eine neue Wasserversorgung, Schulhäuser und zusammen mit der Gemeinde Kaisten und einer Chemiefirma eine gemeinschaftliche Kläranlage.

Heute zählt Laufenburg rund 1900 Einwohner und bietet als Bezirkshauptort der Region überdurchschnittlich viele Arbeitsplätze, nämlich gut 1400.

Davon entfallen 62 Prozent auf das Gewerbe und die Industrie (unter anderem Keramik, Holzverarbeitung, Textilien usw.) und 38 Prozent auf den Dienstleistungssektor (Bezirksamt und Bezirksgericht, Regionalspital, Altersheim, KV- und Bezirksschule usw.). Hervorzuheben sind namentlich das Kraftwerk Laufenburg sowie die Freiluft-Schaltanlage der Elektrizitätsgesellschaft Laufenburg AG, welche dem internationalen Stromaustausch von Norwegen bis nach Italien und von Frankreich bis nach Österreich dient. Das Städtchen erfreut sich mit seinen über dreissig Vereinen aber ebenso eines regen Gemeinschafts- und Kulturlebens, nicht zuletzt zusammen mit den deutschen Nachbarn. So haben sich bis heute etwa die gemeinsame Narrenzunft, die Anton-Straubhaar-Stiftung für Bedürftige sowie die Friedrichsche Bräutestiftung, die am Hochzeitstag «keusche Junggesellen» beschenkt, erhalten.

Städtebaulicher Mittelpunkt

Grenzen überschreitet jedoch auch das Kernstück der Gemeinde und deren touristischer Anziehungspunkt: die Altstadt. Denn städtebaulich bilden Klein- und Gross-Laufenburg, die durch die Rheinbrücke miteinander verbunden sind, eine Einheit. Während der nördliche Teil auf deutschem Boden aus einer einzigen, steil ansteigenden Hauptgasse besteht, liegt der schweizerische Teil zwischen einem mächtigen Burghügel und dem Rhein. Der durch zwei Wehrschenkel zum Fluss hin abgeschirmten Altstadt mit der Marktgasse als Zentrum und zwei Nebengassen fügt sich die Vorstadt, der «Wasen», an. Überragt werden die beiden Stadtteile vom Schlossberg mit seiner Burgruine aus dem 12. Jahrhundert und der Pfarrkirche.
Man nennt Laufenburg zuweilen auch die Stadt der Türme. Nicht zufällig, denn noch heute gehören diese unverwechselbar zum Ortsbild: der Pulverturm neben der Kirche, der Wasenturm mit Rundtor, Zeltdach, Glockentürmchen und fasnächtlichem Sgraffito, das kleine Wasentürmchen mit Betzeit- und Totenglöcklein sowie der Schwertlisturm als Eckpfeiler der Vorstadt mit der Flacheisenfigur des Schwertträgers. Die Pfarrkirche, welche auf die Mitte des 15. Jahrhunderts zurückgeht und deren Inneres um 1750 in einen lichten Barockraum verwandelt wurde, zählt zu den schönsten Schöpfungen der Spätgotik im Aargau. An weiteren markanten Gebäuden fallen zudem das spätgotische Rathaus am Laufenplatz, das einst als Armen- und Krankenhaus gedient hatte und heute die Gemeindeverwaltung beherbergt, sowie das Gerichtsgebäude von 1525 auf, welches 1771 barockisiert wurde und unter anderem einen festlichen Rokokosaal birgt.

Eine Flaute, die sich lohnte

Im übrigen sind es vor allem schlichte Bürgerhäuser, die die engen Längs- und Quergassen Laufenburgs prägen. Wenige Plätze mit Brunnen aus dem 18. Jahrhundert lockern die Altstadt auf. Über ihren Charakter schreibt Dr. Emil Maurer im «Aargauischen Heimatführer»: «Laufenburgs Gassen sind reizvoll durch ihre Biegungen und Gefälle, durch die Einheit des Häusermassstabs und die geringen Eingriffe überlauter moderner Geschäftswerbung, kaum aber durch die architektonische Gestaltung der Fassaden. In ihrer Schlichtheit kommt die flache soziale Stufung der Bürgerschaft zur Anschauung – kein grösserer patrizischer Wohnsitz, keine schmuckfreudige Repräsentationsfront, auch kein nennenswertes Landhaus des 18. oder 19. Jahrhunderts vor den Toren der Stadt. Durchwegs liegt der Typus des schmalen, traufständigen, drei- oder vierstöckigen Wohnhauses mit Aufzugslukarne zugrunde.» Dem ist noch heute weitgehend zuzustimmen, obwohl zum Beispiel der neue «Rote Löwe» oder die renovierte Taverne mit dem Ortsmuseum «zum Schiff» den Durchschnitt zweifellos überragen.
Wenn die Laufenburger Altstadt weitgehend intakt geblieben ist, so sind dafür zwei Gründe anzuführen: einmal die Tatsache, dass hier die Hochkonjunktur der fünfziger und sechziger Jahre praktisch

Die Laufenburger Rheinbrücke nach einem Stich um 1780

Verbindende Brücken

Schon immer waren die an grossen Wasserläufen lebenden Menschen gezwungen, diese mittels Furten, Fähren und Brücken zu überwinden. Dies drängte sich vor allem dort auf, wo es galt, solche Flussübergänge in ein übergeordnetes Verkehrssystem einzubinden. So haben zum Beispiel die Römer verschiedene Brücken über den Rhein gebaut, die als Nahtstellen ihres weitverzweigten Strassennetzes zwischen Süden und Norden dienten. Eine der bedeutendsten stand in Zurzach, war aus Stein erstellt und ein wichtiges Verbindungsglied an der Heerstrasse von Vindonissa nach dem Wutachtal. Nach dem Rückzug der Römer aus unseren Gebieten entstanden hier während fast eines Jahrtausends keine Brücken mehr. Man überquerte die Flussläufe an Furten und mit Fähren. Mit der Zeit wurden an den herausragendsten Übergängen Wehrposten und befestigte Siedlungen errichtet, dann wieder (Pfahl-) Brücken mit einfachen hölzernen Überbauten.

Eine solche ist seit 1207 auch in Laufenburg nachgewiesen. Sie verband das linke und rechte Rheinufer, war auf Holzpfeilern gebaut, konnte bereits mit Fuhrwerken befahren werden, wurde aber bei Hochwasser immer wieder weggerissen oder beschädigt. Unterhalten wurde die Brücke durch den hier erhobenen Zoll. Während des Dreissigjährigen Krieges und der Französischen Revolution wurde sie zweimal zerstört, von den Laufenburgern aber wieder aufgerichtet. Ihr prekärer Zustand und die immer schwereren Fuhrwerke machten es jedoch zusehends zum gefährlichen Abenteuer, sie zu überqueren. Mit Hilfe des Kantons Aargau baute deshalb Blasius Baldischwiler 1809 für 22400 Franken (!) einen neuen Übergang aus Stein. 1865 wurde der Brückenzoll abgeschafft, und 1911 entstand im Zusammenhang mit dem geplanten Kraftwerk die noch heute bestehende zweibogige Betonbrücke von Robert Maillart.

nicht stattgefunden und daher auch keine baulichen Spuren hinterlassen hat. Das Städtchen drohte vielmehr zu zerfallen, denn bis über 1970 hinaus lebten in den überalterten Wohnungen fast nur südländische Gastarbeiter. Das änderte sich, als der historische Kern durch Bundesbeschluss vom 17. März 1972 zum Objekt von nationaler Bedeutung ernannt und unter Denkmalschutz gestellt wurde. Hatten sich bis anhin vor allem Gemeinde und Kanton um das architektonische Erbe bemüht, kümmerten sich nun auch die privaten Liegenschaftenbesitzer vermehrt um ihre Häuser. So wurden in den letzten Jahren viele von ihnen renoviert und ebenso grosse Anstrengungen unternommen, um die städtebauliche Konzeption ohne Substanzverlust den Erfordernissen unserer Zeit anzupassen. Dies mit dem Ergebnis, dass heute auch Schweizer wieder gerne in der Altstadt wohnen und entsprechende Objekte sogar gesucht sind.

Auf Erhaltung ausgerichtet

Grundlage dieser Erneuerungswelle bildeten die 1978 unter Dach gebrachte Ortsplanung, der Richtplan von 1981 über die Ausgestaltung und Benützung der Freiflächen der Altstadt sowie die Bauordnung von 1977. So galt die Aufmerksamkeit schon früh der Dachlandschaft, indem man eine Gemeinschaftsantenne errichtete und sämtliche Leitungen in der Altstadt verkabelte sowie Vorschriften über die Dachneigungen, Lukarnen, Ziegelarten und deren Farben erliess. Im weitern wurden die Strassen nach und nach konsequent gepflästert und für die Nacht mit historischen Laternen ausgerüstet. Ferner wurden die bestehenden Grünanlagen erweitert und Kinderspielplätze angelegt. Ein neues Parkierungskonzept hält die Blechlawinen einigermassen in Schranken, obschon das Problem des Durchgangsverkehrs wohl erst mit einer neuen

Lange drohte das Rheinstädtchen Laufenburg zu zerfallen, denn bis über 1970 lebten hier fast nur mehr südländische Gastarbeiter. Das änderte sich, als der historische Kern unter Bundesschutz gestellt wurde und sich die Eigentümer vermehrt um ihre Liegenschaften zu kümmern begannen. Inzwischen wurden zahlreiche Häuser aufgefrischt und sind Altstadtwohnungen auch bei Schweizern wieder gefragt.

Rheinbrücke zu bewältigen sein wird. Namentlich die täglich durch die engen Altstadtgassen vom und zum Zoll brummenden 3000–4000 Fahrzeuge beeinträchtigen die Lebensqualität im historischen Teil.

Ein besonderes Augenmerk legt man in Laufenburg auf die Gebäudeerhaltung. An der vertikalen Gliederung der Häuserreihen und Fassaden hält man bis zu den Sprossenfenstern konsequent fest. Bei Hauseingängen und Schaufenstern achtet man darauf, dass mit Eckpfeilern, Stützen und Unterteilungen der Charakter des Bruchsteinmauerwerks auch im Erdgeschoss erhalten bleibt. Die Schaufenster dürfen nicht mauerbündig und die Haustüren und Fensterläden müssen aus Holz gefertigt sein. Zur Beurteilung solcher Sachfragen steht dem Gemeinderat eine Kommission zur Seite, während ein Farbfachmann die Hauseigentümer bei den oft heiklen Verputz- und Farbproblemen berät. Erkleckliche Summen hat die Stadtbehörde in die Renovation und Restaurierung öffentlicher Altbauten gesteckt, so in die Pfarrkirche, das Gerichtsgebäude, das Rathaus, die Burgruine, die Schlossberganlage, die Rheinbrücke, den Marktplatzbrunnen usw. Auch leistet die Gemeinde jährlich freiwillige Beiträge an Private, die ihre Fassaden und Dächer erneuern oder störende Elemente entfernen. Um die Altstadt zu reaktivieren, wurde vor einigen Jahren ein neues Hotel mit Gemeindesaal erstellt, das baufällig gewesene Gasthaus zum Schiff zum Ortsmuseum umgestaltet und am Rande der Altstadt ein Parkhaus zur Fernhaltung möglichst vieler Autos errichtet.

Eingliedern – aber wie?

Es hiesse jedoch Schönfärberei betreiben, wenn man behauptete, es sei im Wakker-Preis-Städtchen am Rhein ortsbildpflegerisch stets alles rundgelaufen. Gerade die jüngste Vergangenheit war wieder von heftigen städtebaulichen Auseinandersetzungen beherrscht. Streitpunkt bildete dabei die Frage, wie die durch das 1874 abgebrochene Markttor mit Bärenturm entstandene Lücke im Altstadtmauerring wieder geschlossen werden könnte. 1987 reichte ein renommiertes Ingenieurunternehmen ein Projekt für den Bau eines Torhauses ein. Doch stiess diese «Imitation» beim Schweizer Heimatschutz, bei der kantonalen Denkmalpflege und bei den Anstössern auf Widerstand. Mangels fehlender Rechtsgrundlagen musste die Bauherrschaft ihre Eingabe schliesslich zurückziehen.

Angesichts der zerfahrenen Lage anerbot sich der Aargauer Heimatschutz, unter seiner Leitung einen Architekturwettbewerb durchzuführen. Dies in der Hoffnung, so zu befriedigenden Lösungsideen zu kommen. Dazu eingeladen wurden zwölf Architekten. Ihnen war eine knifflige Aufgabe gestellt, denn verlangt wurden Projekte mit einer «zeitgemässen Architektursprache, die sich trotz ihrer Eigenständigkeit in die historisch gewachsene Stadtstruktur Laufenburgs einzupassen hat». Als Vorgabe diente den Entwerfern eine umfangreiche Dokumentation, welche die städtebauliche Situation am Marktplatz beim «Roten Löwen» festhält und das Raumprogramm umschreibt. Es gingen elf Vorschläge ein – auf «Super-Niveau», wie anlässlich einer Presseorientierung kommentiert wurde. Eine neunköpfige Jury unter Beizug verschiedener Experten und Berater amtete während zweier Tage und erkor schliesslich einstimmig den Sieger. «Monolith» nannte er das Projekt, welches sich dem «Löwen» anschliessen soll, auf eine anbiedernde Nachbildung des seinerzeit abgerissenen Bärenturms verzichtet und statt dessen einen zeitgenössischen Neubau mit teilweise fensterlosen Fassaden vorsieht. Ob der «Monolith» oder ein an dessen Grundgedanken angelehntes Projekt verwirklicht wird, steht noch offen. Denn auch hier hat sich gezeigt, dass die auf die Erhaltung des Bestehenden ausgerichtete Bauordnung für einen solch kühnen Wurf kaum genügt und entsprechender Anpassungen bedarf.

Seit der Habsburger Zeit bilden das deutsche Klein- und das schweizerische Gross-Laufenburg (im Vordergrund) mit der sie verbindenden Rheinbrücke eine Einheit. Schweizerischerseits galt die Aufmerksamkeit schon früh der Dachlandschaft. So hat man eine Gemeinschaftsantenne errichtet, sämtliche Leitungen verkabelt sowie Vorschriften über die Dachneigungen, Lukarnen, Ziegelarten und deren Farben erlassen.

Oben: Nach und nach wurden auch die Strassen und Plätze gepflästert und die Grünanlagen erweitert. Um möglichst viele Autos aus der Innenstadt fernzuhalten, errichtete man zudem ein unterirdisches Parkhaus, dessen Dach künstlerisch gestaltet wurde.

Rechts: Zur Beurteilung heikler Renovationsprobleme – von der Bau- über die Farb- bis zur Schmuckfrage stehen dem Gemeinderat und den Hauseigentümern beratende Kommissionen mit ausgewiesenen Fachleuten zur Seite.

*1986:
Diemtigen BE*

Streusiedlungen und Landschaftsschutz

Kein mittelalterliches Städtchen und auch kein abgelegenes Bergdorf wurde am 15.Juni 1986 mit dem Wakker-Preis ausgezeichnet. Mit Diemtigen kam eine Gemeinde zum Zuge, die sich um den Schutz ihrer Streusiedlungslandschaft verdient gemacht hat. Durch eine konsequente Planung hat sie erreicht, dass ihr 130 Quadratkilometer umfassendes Einzugsgebiet bis heute von Eingriffen weitgehend verschont geblieben ist. Dies wurde ermöglicht, indem sie weiträumige Landschaftsschutz- und Landschaftszonen ausschied, die Ferienhausgebiete rigoros einschränkte sowie strenge Gestaltungsvorschriften für Neu- und Umbauten erliess. Das ist um so anerkennenswerter, als gerade Streusiedlungen durch ihre aufgesplitterten Eigentumsverhältnisse dazu verleiten, individuellen Einzonungswünschen der Besitzer nachzugeben und damit übergeordnete Zielsetzungen des Gemeinwesens aus den Augen zu verlieren.

Das waren noch Zeiten!

Urkundlich erstmals erwähnt wurde Diemtigen im Jahre 1257. Damals überliess der Bischof von Sitten dem Grafen Hartmann von Kyburg das Schloss Diemtigen. 1307 traten dann die Freiherren von Weissenburg auf den Plan, die sich während über 100 Jahren dagegen wehrten, dass das Gebiet Bern einverleibt werde. Als der letzte Vertreter dieses Rittergeschlechts starb, ging sein Erbe an seine Schwester Catarina über, die mit dem Thüring von Brandis verheiratet war. Unter seiner Fuchtel folgten für die Einheimischen schlimme Zeiten, schränkte er doch deren Freiheitsrechte drastisch ein. 1439 erwarb Bern die Talschaft, verleibte sie der Kastlanei des Niedersimmentales ein und führte das Zepter mehr oder weniger unangefochten bis 1798. Während der Helvetischen Republik gehörte das Tal vorübergehend zum Kanton Oberland. Die Einwohnergemeinde nach heutigem Muster entstand mit der neuen Kantonsverfassung von 1831, welche die Bevormundung der Landschaft durch die Stadt Bern beendete.

Schwer unten durch musste die Bevölkerung wieder während der zweiten Hälfte des 19. Jahrhunderts. Die missliche Wirtschaftslage, bewirkt durch die Agrarkrise infolge der gedrückten Weltmarktpreise, bewog manchen, der Heimat den Rücken zu kehren und sein Glück in Nordamerika, Deutschland oder Russland zu suchen. Die Stagnation verschärfte sich, als die Region im Jahre 1887 von einem bösen Unwetter heimgesucht wurde. Bis auf eine Ausnahme wurden alle Brücken des Tales zerstört und auch die Strassen arg beschädigt. Überall gingen Rüfen nieder, die Bäche traten über ihre Ufer und verwüsteten das Kulturland. Es bedurfte energischer Anstrengungen, um die Folgen der entfesselten Natur zu überwinden. Morgenröte tauchte erst wieder auf, als 1896 die Spiez-Erlenbach-Zweisimmen-Bahn eröffnet und der Kutschenverkehr durchs Diemtigtal eingeführt wurde. Um die gleiche Zeit blühte der Badebetrieb in den Kurhäusern Rothbad und Grimmialp auf, wo Kranke hofften, bei Trink- und Badekuren mit Eisen- und Schwefelwasser zu gesunden. Schon 1902 setzte die Talschaft deshalb auf die Karte «Fremdenverkehr». Doch es harzte mit dem Erfolg, so dass die Bäder nach dem Zweiten Weltkrieg ihren Betrieb wieder einstellen mussten.

Schwerpunkt Milchwirtschaft

Als widerstandsfähiger erwies sich die Landwirtschaft. Die Viehzucht auf den Alpen ist hier bis ins 13. Jahrhundert nachgewiesen. Zwar ist der Anteil der Erwerbstätigen, die den Boden bearbeiten, in den letzten Jahrzehnten auch in Diemtigen zurückgegangen. Mit einem Anteil von einem guten Drittel aller Arbeitsplätze ist die Landwirtschaft aber noch heute der wichtigste Wirtschaftszweig der Gemeinde, vor dem Dienstleistungssektor (Tourismus) sowie der Industrie und dem Gewerbe (vor allem Baubranche und Holzverarbeitung). Vieh- und Alpwirtschaft wird in allen «Bäuerten» betrieben. Als flächenmässig fünftgrösste Gemeinde des Kantons Bern verfügt Diemtigen über das ausgedehnte-

ste Weidegebiet. So entfallen allein auf die Alpweiden 6200 Hektaren, bewaldet sind 2500 Hektaren, als Mattland zählen 1500 Hektaren, und überbaut oder unproduktiv sind 2800 Hektaren.
Die rund 220 Landwirtschaftsbetriebe halten einen Rindviehbestand von derzeit 4500 Stück. Dazu kommen während der Sommermonate noch gut 4700 Sömmerungstiere. Viehzucht und Milchwirtschaft bilden denn auch das Schwergewicht der Urproduktion. Nur eingangs des Tales werden auch Äcker bebaut. Da in den höheren Regionen Steilhänge überwiegen, ist die Bewirtschaftung des Kulturlandes mit modernen Maschinen stark erschwert. Und das beeinträchtigt natürlich die Rentabilität der betroffenen Betriebe. Trotzdem oder gerade deswegen sind die Landwirte gezwungen, ihre Höfe möglichst rationell einzurichten. Die Mittel für bauliche und maschinelle Investitionen können viele von ihnen jedoch nur aufbringen, wenn sie einem Nebenerwerb nachgehen. Diesen bietet ihnen heute der Tourismus.

Die starke «zweite Säule»

In der heutigen Form nahm er seinen Anfang im Jahre 1963, als der seit der Wirtschaftskrise in Vergessenheit geratene Verkehrsverein wiederbelebt wurde. Statt Schwefelbädern schrieben sich die Diemtiger aber jetzt neben dem Wandertourismus den Wintersport auf ihre Fahne. Wegen der verkehrstechnisch günstigen Lage galt das Hauptaugenmerk vor allem den Tagesausflüglern aus den Räumen Thun, Bern, Biel, Solothurn und Basel. Zwischen 1964 und 1976 entstanden im Diemtigtal ein Sessellift, neun Skilifte und fünf Kinderskilifte. 1980 kam eine Tennishalle hinzu. Die Skilifte Grimmialp und Springboden werden als Genossenschaften unter einheimischer Leitung geführt. Umgekehrt liegen die Sportbahnen Wiriehorn AG mehrheitlich in der Hand von Auswärtigen.
In der rund 2000 Einwohner zählenden Gemeinde Diemtigen stehen 19 Gasthäuser und rund 600 Ferienwohnungen zur Verfügung. Ausserdem gibt es 25 Gruppenunterkünfte mit 1100 Liegeplätzen. Jährlich werden insgesamt etwa 55000 Übernachtungen registriert. Auch fortan will sich die Gemeinde beim Zweitwohnungsbau zurückhalten. Gegen eine einseitige touristische Entwicklung richtete sich zum Beispiel 1986 eine von der Gemeinde beschlossene Umzonung einer Ferienhauszone in eine Wohnzone für Dauerbewohner. Solche Massnahmen erscheinen um so gerechtfertigter, als schon heute mehr als jede zweite Wohnung nicht ständig belegt ist und ausschliesslich dem Fremdenverkehr dient. Auch hinterlassen die hohen Frequenzen der Wintersportbahnen in der Kulturlandschaft deutliche Spuren. Immerhin hat die Gemeinde von Anfang an bestimmt, dass diese Schäden durch die Bahnen vergütet werden müssen.

Landschaft als Kapital

Die Landwirtschaft und der Fremdenverkehr als Stützen der einheimischen Wirtschaft einerseits und die Verbundenheit der Talbewohner mit der heimatlichen Scholle anderseits haben in Diemtigen das Verantwortungsbewusstsein gegenüber den landschaftlichen Werten schon früh gefördert. Die Schönheiten der Natur reichen von den blumenübersäten Wiesen im Talboden über eine wechselvolle Hügellandschaft mit ausgedehnten Terrassen und Schutzwäldern bis hinauf in die alpinen Regionen der Niesen- und Turnenkette, wo der Wanderer an idyllischen Gewässern vorbeikommt und grossartige Rundblicke Richtung Thunersee oder Jungfraugebiet geniesst. Zusammen mit den qualitativ überdurchschnittlichen Ortsbildern (die Gemischte Gemeinde Diemtigen umfasst acht autonome Unterabteilungen und «Bäuerten», nämlich Oey, Bächlen, Horben, Riederen, Entschwil, Zwischenflüh, Schwenden und Diemtigen) und Einzelgebäuden, die überall im Gelände verstreut sind, bildet dies alles eine Kulturlandschaft von seltenem Reiz. Dass ihre traditionellen Strukturen bis heute weitgehend unversehrt geblieben sind, ist in erster Linie der umsichtigen Ortsplanung, der gemässigten Ent-

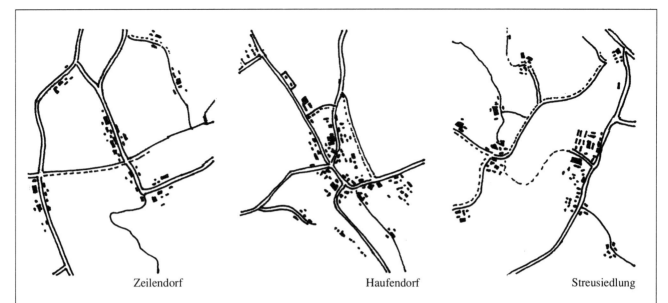

Zeilendorf　　　　　　　　　　Haufendorf　　　　　　　　　　Streusiedlung

Siedlungstypen der Schweiz

Ein Dorf lässt sich sowohl nach seiner Lage und seinen formalen Elementen als auch nach seinem Siedlungsgrundriss erfassen. Obwohl die «Urformen» des Dorfes durch die Bautätigkeit der letzten Jahrzehnte teils stark verwischt oder vermischt worden sind, können wir in der Schweiz grob drei Siedlungstypen unterscheiden:
- Zeilendörfer: Bei ihnen sind die Höfe und andern Gebäude längs einer Strasse oder eines Bachlaufes angeordnet. Das hatte praktische Gründe, denn für die Fuhrwerke wollte man möglichst gut an das Verkehrsnetz angeschlossen sein, und für Mensch, Tier und Garten war man auf eine nahe Wasserquelle angewiesen. Zudem hatte man vom Haus aus auch direkten Zugang zur Flur.
- Haufendörfer: Darunter fallen alle Dörfer, die an Strassengabelungen und Kreuzungen oder um einen zentralen Platz errichtet wurden. Sie wirken in der Regel sehr geschlossen, auch wenn sie sich von hier aus im Laufe der Zeit stern- und kreisförmig immer weiter ausdehnten. Dicht zusammengebaute Haufensiedlungen gibt es vor allem im Tessin, Wallis und in Graubünden.
- Streusiedlungen: Bei diesem Siedlungstypus, der unter anderem das Diemtigtal prägt, beschränkt sich das Dorf nicht auf eine Kernsiedlung. Es besteht vielmehr aus zahlreichen, weit in der Landschaft verstreuten Einzelhöfen und Weilern, die eine eher lose Gemeinschaft bilden. Zentrale Funktionen (Verwaltung, Kirche, Schulen, Gasthöfe, Läden) sind entweder in einem Weiler vereint, oder aber auf mehrere Siedlungen verteilt.

wicklungspolitik und der konsequenten Durchsetzung der Bauvorschriften durch die Gemeinde zu verdanken. So nehmen die Landschaftsschutz- und Landschaftsschongebiete in der Diemtiger Ortsplanung eine Vorrangstellung ein. Die ersteren, welche den grössten Teil der gesamten Gemeindefläche bilden, dürfen nur landwirtschaftlich genutzt und die bestehenden Gebäude dürfen nur um-, an- und ausgebaut werden. Auch die Schongebiete stehen lediglich der landwirtschaftlichen Nutzung offen, doch sind hier im Rahmen von Sonderbauvorschriften gewisse Neubauten erlaubt. Unantastbar sind jedoch die Naturschutzzonen um die Spillgerten bis zum Seebergsee sowie der Ägelsee samt Hochmoor auf dem Diemtigbergli. Wie Gemeindeschreiber F. Wiederkehr jedoch betont, «ist es auch bei uns nicht immer leicht, die verschiedenen Interessen mit demjenigen des Landschaftsschutzes zu vereinbaren». Deshalb erarbeitet eine kommunale Naturschutzkommission zurzeit Grundlagen für den Bereich Landschaft der laufenden Ortsplanrevision. Wiederkehr: «Man ist allgemein bestrebt, den örtlichen Schutz zu verstärken, und sucht auch nach Lösungen, die menschlichen Einflüsse zu beschränken.»

Ortsbild von nationaler Bedeutung

Und das Siedlungsgebiet? Es darf namentlich auf der Schattenseite mit den «Bäuerten» Bächlen, Horben und Riederen als streusiedlerisches Paradebeispiel bezeichnet werden. Von dieser lockeren Bauweise ausgenommen sind nur das alte Haufen- und Strassendorf Diemtigen, das neuere Oey, heute Hauptort und wirtschaftliches Zentrum der Gemeinde mit Arbeitsplätzen, Läden und der Verwaltung, sowie die Ferienhausüberbauungen in Diemtigen, Entschwil und Schwenden. Architektonisch im Vordergrund steht der Gemeindeteil Diemtigen, der als Ortsbild von nationaler Bedeutung eingestuft ist. Rund um die Kirche aus dem 14. Jahrhundert und das barocke Pfarrhaus von 1781 in Massivbauweise sind hier Vertreter bester Simmentaler Zimmermannskunst angeordnet. Sie vermitteln eine ebenso geschlossene wie abwechslungsreiche Szenerie mit stattlichen Bauten bäuerlicher und bürgerlicher Herkunft.
Zu unterscheiden sind dabei vor allem zwei Haustypen: das auf einem steinernen Kellersockel erstellte zweigeschossige Ständer-/Blockhaus aus

Dank ihrer konsequenten Planung hat die Gemeinde Diemtigen erreicht, dass ihr 130 Quadratkilometer umfassendes Einzugsgebiet erstaunlich intakt geblieben ist. Ermöglicht wurde dies, indem sie weiträumige Landschaftsschutzzonen ausschied, die Ferienhausgebiete stark einschränkte sowie strenge Gestaltungsvorschriften für Neu- und Umbauten erliess.

Holz mit sanft abfallendem Satteldach einerseits und das sogenannte Ründihaus mit seinem charakteristischen Walmdach. Typisch für die zweite Gattung sind zum Beispiel das Grosshaus von 1805 und das Gasthaus Hirschen von etwa 1790. Auch der erste Haustyp ist in Diemtigen mit Objekten vertreten, die zu den eindrücklichsten der Berner Oberländer Zimmermannsgotik gezählt werden müssen. Als Beispiel dafür sei hier die «Trogmatte» genannt. Um die Jahrhundertwende sind im Dorfkern einige Neubauten entstanden, die zwar ihren Vorgängern nicht ganz ebenbürtig sind, die hiesige Bautradition aber doch diskret fortsetzen. Jüngeren Datums ist die Siedlung Oey, die am Taleingang aus dem ehemaligen «Armenviertel» hervorgegangen ist und durch ihren einheitlichen und schlichten Architekturstil besticht. Etwas oberhalb des Dorfkerns stösst man auf das «Sälbeze»-Haus, einen stolzen Bau von 1738, mit Butzenscheiben und verziert mit Fassadenmalereien, Sinnsprüchen und Schnitzereien.

Gepflegt bis zum Ökonomiebau

Auch die übrigen «Bäuerten», die im Diemtigtal durch Rodung entstanden sind, stecken nicht weniger voller Überraschungen und bieten dem Besucher in dieser Konzentration eine der reichsten Hauslandschaften der Schweiz überhaupt. Es ist unmöglich, hier auf einzelne dieser mehrheitlich von einer hohen Qualität bestimmten Gebäude, welche die Landschaft so naturnah beleben, einzugehen. Der Berner Oberländer Bauernhausforscher Alfred von Känel meint dazu: «Darunter fallen die reich geschnitzten und bemalten Häuser aus dem 17. und 18. Jahrhundert besonders auf, die durch Baupflege und Restauration der Malereien eine hochstehende Bauernkultur verraten. Daneben gibt es aber eine grosse Zahl ebenfalls hervorragender Zeugen der Zimmermannskunst, deren Malereien noch zu restaurieren wären, und solche, die zwar nie bemalt waren, aber trotzdem zu den schönsten Häusern zu zählen sind.» Zu diesen architektonischen Aushängeschildern gesellen sich zahllose einfachere Bauten, wie Scheunen, Ställe, Hütten oder jene gewaltigen «Küherburgen» mit Vollwalmdächern, wie man sie im Diemtigtal noch oft antrifft. Dass sie mehrheitlich ebenfalls noch gut erhalten sind und in der Kulturlandschaft reizvolle Akzente setzen, ist dem gesunden Traditionsbewusstsein der hiesigen Bevölkerung zu verdanken, die diese Zeugen pflegt und mit Leben erfüllt.

Bemerkenswert ist schliesslich – und das durchaus im Gegensatz zu den Nachbargemeinden –, dass alle «Bäuerten» Diemtigens noch über einen weitgehend autonomen Kern verfügen, mit eigener Schule, mit einem kleinen Dorfladen und Gasthof und mit aktiven Gewerbebetrieben. Das kommt nicht von ungefähr, denn der Fortbestand dieser Gemeinschaftszellen als Dauersiedlungen und Grundlage einer überlebensfähigen Landwirtschaft, besonders in den abgelegeneren Gebieten, gehört zu den Hauptzielen der Gemeinde.

Oben links: Mit einer Frontlänge von 18 und einer Gebäudetiefe von 14 Metern gehört das Diemtiger Grosshaus von 1805 zu den eindrücklichsten Holzbauten der Region. Was da einfache Zimmermeister zustande gebracht haben, ringt selbst jedem Architekten Bewunderung ab.

Oben rechts: Typisch für das auch im Diemtigtal auftauchende Simmentalerhaus ist die breite Front mit flachem und weitausladendem Satteldach. Je nach Erbauer und Eigentümer ist seine Fassade mehr oder weniger aufwendig durchgestaltet.

Unten: Die Gemeinde Diemtigen umfasst nicht weniger als acht autonome Unterabteilungen und «Bäuerten» sowie zahlreiche Einzelhöfe. Sie sind meist durch Rodung entstanden und bilden in ihrer Gesamtheit die für die Talschaft typische Streubauweise.

Mit Schnitzwerk, Malereien und Sprüchen geradezu übersät ist das sogenannte Sälbezenhaus aus dem Jahre 1738 ob dem Gemeindeteil Oey. Dort steht unter anderem: «Mein Seel und Leib, mein Gut und Ehr, mein Weib und Kind bewahr o Herr, mein Haus und Hoof, das Vaterland und wo Dein name ist bekannt, dies lass Dir Herr bevolen sein zum Lob und Ehre dein. Bedenk o Mensch, halt dich bereit, nach dieser Zeit kommt d'Ewigkeit. Der Mensch auf Erd kein Bliben hat, er flieht dahin, bleich wie ein Schaf».

1987:
Bischofszell TG

Die Umgebung gehört dazu

«Die Stadt Bischofszell hat den besten Nutzen aus ihrer ländlichen Lage gezogen, indem sie auf der wirtschaftlichen Basis einer massstäblich angepassten, auf eigenen Füssen stehenden Industrie ihre Identität als Gemeinde wahrte und pflegte. Sichtbarer Ausdruck dieser Eigenständigkeit ist das sorgfältig gepflegte Stadtbild, das mittelalterliche Elemente mit solchen der Barockzeit auf anregende Weise vereint, alles zusammen das Resultat aufgeschlossenen Verhaltens der Gemeinde als Ganzes gegenüber denkmalpflegerischen Belangen. Der Wakker-Preis soll Bürgerschaft und Behörden ermuntern, in diesem Sinn weiterzufahren.» Mit solchen Worten begründete der Schweizer Heimatschutz die Preisvergabe von 1987. Dabei waren noch keine zwanzig Jahre ins Land gezogen, seit man sich in Bischofszell ein Herz gefasst hatte, sich fortan zielstrebiger um die Altstadt zu kümmern. Was war geschehen?

Paukenschlag von aussen

Anfangs der siebziger Jahre erschien in der «Neuen Zürcher Zeitung» eine Reportage, welche die Behörden des Thurgauer Städtchens aufscheuchen sollte. Darin wurde der historische Kern von Bischofszell als Schlaf- und Gespensterstadt gebrandmarkt, die «nur» mehr von alten Leuten, Gastarbeitern und streunenden Katzen bewohnt würde. Auch verlotterten die Häuser immer mehr, und in der einst so blühenden Altstadt habe das grosse Ladensterben um sich gegriffen. Die massive Kritik von aussen verhallte nicht ungehört. Kurz darauf, schon 1972, rief der Gemeinderat von Bischofszell eine Altstadtkommission ins Leben. Diese sollte fortan bei der Bevölkerung und speziell bei den Grundeigentümern das Verständnis für die Belange der Altstadt fördern und ihnen bei Restaurierungs-, Unterhalts- und Bauvorhaben beratend beistehen. Aber nicht nur das: Die aus 5–9 Mitgliedern zusammengesetzte Kommission, der unter anderem je ein Vertreter der kantonalen Denkmalpflege und des Gemeinderates angehören und die bei Bedarf einen Bauausschuss einsetzen kann, muss auch die eingereichten Baugesuche der Altstadt und deren Randgebiete überprüfen, in architektonischer Hinsicht beurteilen und dem Gemeinderat entsprechend Antrag stellen.

Mangels rechtlicher Grundlagen hatte die Altstadtkommission anfänglich einen schweren Stand und war weitgehend auf die Konsensfähigkeit der betroffenen Liegenschaftenbesitzer angewiesen. In intensiver Kleinarbeit konnten dann aber ein Baureglement für die Altstadtzone sowie detaillierte Richtlinien zur Erhaltung und Erneuerung derselben entwickelt werden, die 1978 von den stimmfähigen Bischofszellern genehmigt wurden. Beide Dokumente bezwecken, die Altstadt als Kulturdenkmal von nationaler Bedeutung zu schützen, für die darin wohnenden Menschen eine behagliche Atmosphäre zu erhalten oder zu schaffen und die Altstadt späteren Generationen möglichst unverfälscht zu übergeben. Dabei bezieht sich der Schutz auf das Gesamtbild, die Gassen, Plätze, Häuser, Grünflächen und auf die baulichen Einzelheiten.

Zweierlei Zonen

1976 nahm die Gemeindebehörde sodann die Totalrevision der Ortsplanung in Angriff, die 1982 vom Souverän gutgeheissen und zwei Jahre später um eine neue Bauordnung ergänzt wurde. Um ein möglichst verträgliches Nebeneinander von Altstadt und Nachbarschaft zu gewährleisten, unterscheidet die Bischofszeller Bauordnung zwischen Altstadtzone und Umgebungsschutzzonen. Die erste umfasst die eigentliche Altstadt, das Gebiet um die historische Thurbrücke und um das sogenannte «Schlössli», ein Herrschaftshaus mit weitläufigem Garten. In der Altstadtzone werden Abbrucharbeiten lediglich bewilligt, wenn triftige und «sorgfältig abgewogene Gründe vorliegen». Umbauten sind hier nur zugelassen, wenn die vorhandenen Grundrissformen, First- und Traufhöhen eingehalten werden. Flachdächer sind verboten und müssen bei Umbauten durch Firstdächer ersetzt werden. Die Fassaden haben sich an historischen Vorbildern zu orientieren und dürfen nur aus Sand- oder Tuffstein bestehen. Schaufenster sollen dem Gassenbild und dem Hauscharakter entsprechen und dürfen nicht um die Gebäudeecken gezogen werden.

Die sich an die Altstadtzone anschliessenden Umgebungsschutzzonen lassen Neubauten zu, auferlegen dafür jedoch gewisse Einschränkungen. Die «weitere Umgebungsschutzzone» begrenzt die Bauhöhe auf ein Mass, das den Anblick der Altstadt nicht beeinträchtigt. Zwischen ihr und der Altstadtzone liegt die «nähere Umgebungsschutzzone», wo die Häuser, Gebäudegruppen und Plätze ihre raumprägende Eigenart bewahren müssen und ihre Gestaltung die Umgebung angemessen zu berücksichtigen hat. Kurz und gut: Man hat in Bischofszell nicht nur vorgesorgt, um die historische Bausubstanz in die Zukunft hinüberzuretten. Man will auch vermeiden, dass deren Erscheinungsbild durch störende Bauten in ihrem näheren und weiteren Umfeld beeinträchtigt wird.

Zwischen Bischof und Eidgenossen

Das hat seinen guten Grund und hat mit der exponierten Lage der Altstadt auf einer erhöhten Molasseterrasse zu tun. Der oberthurgauische Bezirkshauptort befindet sich auf halbem Weg zwischen St. Gallen und Konstanz, in einer über weite Strekken noch relativ intakten ländlichen Umgebung. Ihm zu Füssen fliessen Sitter und Thur zusammen. Schon vor der Stadtgründung bestand hier die Siedlung «Im Hof», die auf einen der Konstanzer Bischöfe, Salomo I. (838–871) oder Salomo III. (890–919) zurückgeht und sich an die Kirche des 10. Jahrhunderts und das Stift St. Pelagius anschmiegte. Später kam eine Burg hinzu, welche die Siedlung schützen sollte und insbesondere als Stützpunkt gegen St. Gallen diente, mit dessen Abt der vormalige Probst von Bischofszell in einen Krieg verwickelt war. Deshalb wurde Mitte des 13. Jahrhunderts östlich des «Hofes» ein neuer Marktbezirk mit einer meterdicken Befestigungsmauer angelegt. Er füllte sich nach und nach mit hölzernen Bürgerbauten auf, fiel im Verlaufe der Geschichte mehrmals Feuersbrünsten zum Opfer, wurde aber immer wieder aufgebaut.

Die dem Städtchen vorgelagerte Vorstadt, welche die Brände überstand, ist erstmals 1360 nachgewiesen, wurde während der Appenzellerkriege abgebrochen und 1437 als befestigte Anlage wieder neu aufgebaut. Sie beherbergte vor allem die lärmigen, stinkigen und feuergefährlichen Gewerbe (Gerber, Schmiede, Schlosser, Zinngiesser), während im Norden die bäuerliche Bevölkerung angesiedelt war. Obwohl ursprünglich zum Bistum Konstanz gehörend, orientierte sich Bischofszell schon früh auch nach der Eidgenossenschaft. Dieses Doppelspiel verstärkte sich, als die Eidgenossen 1460 den Thurgau eroberten. Ja, ab 1587 musste der bischöfliche Obervogt ein Eidgenosse sein! Die Herrschaft des Bischofs erlosch erst 1798 mit der Aufnahme Bischofszells in den befreiten Kanton. 1848 wurde auch das Chorherrenstift aufgehoben, drei Jahrhunderte zuvor mit der Stadt zusammen noch ein kleines Zentrum bedeutender Humanisten und Reformatoren.

Nach der Leinen- die Nahrungsmittelindustrie

Die hier bis ins 14. Jahrhundert zurückreichende Leinenindustrie, welche den Kaufleuten und der Bürgerschaft zu materiellem Wohlstand und zu intensiven Geschäftsbeziehungen mit den wichtigsten Handelsplätzen Frankreichs, Spaniens, Hollands, Preussens und Italiens verhalf, schlitterte im 19. Jahrhundert zusehends in eine Krise. Denn inzwischen hatte sich der Handel nach St. Gallen verlagert, und neuartige Gewebe ersetzten die alte Leinwand. So brachte die appenzellische Familie Niederer 1860 die Baumwollindustrie ins Städtchen an der Sitter-Thur-Mündung. Eine wichtige Voraussetzung zum weiteren wirtschaftlichen Aufschwung des Ortes wurde 1876 durch die Eröff-

Beliebte Kleinstädte

Zu den von In- und Ausländern am meisten besuchten Sehenswürdigkeiten der Schweiz gehören unsere mittelalterlichen Kleinstädte. Entstanden im 12. und 13. Jahrhundert als Gründungen einflussreicher Feudalherren (Habsburger, Zähringer, Froburger und Kyburger), dienten diese Städte vor allem dazu, strategisch wichtige Punkte zu sichern. Dafür genossen sie in der Regel das Markt-, Münz- und Zollrecht. Mit dem Niedergang des Adels verselbständigten sie sich und blühten dann unter dem Einfluss bürgerlicher Zünfte wirtschaftlich weiter auf.

Die meisten Kleinstädte wurden dort angelegt, wo strategisch wichtige Verkehrswege mit natürlichen Schutzelementen (Flussschlaufen, Hügel, See-Enden oder Talsperren) verbunden werden konnten. Um die Städte wurden häufig Mauerringe oder andere Befestigungsanlagen errichtet, mit denen man die Orte zusätzlich schützen wollte. Fanden sich in unseren Kleinstädten ursprünglich Gebäude in denselben Materialien und Konstruktionen wie auf dem Lande, änderte sich dies mit der Zeit. Die häufigen Brände und der wachsende Wohlstand der Stadtbewohner brachten hier allmählich eine eigenständige Bau- und Wohnkultur hervor, bei der Stein- und Fachwerkbauten die Holzhäuser ablösten und man in die Höhe baute.

Auch auf die räumliche Organisation der Städte wurde geachtet. So lebten in den sogenannten Hinterstädten vor allem die Landwirte, während in den Hauptgassen die Gewerbetreibenden und Händler wohnten und arbeiteten. Ausgenommen waren die lärmigen oder stinkigen Gewerbe, die meist auch in die Hinterstädte «verbannt» wurden. Mit der Industrialisierung und dem Aufkommen der Bahn und des Autos begannen dann die einst gegenüber ihrer Umgebung streng abgegrenzten Städtchen zusehends über ihre Mauern hinauszuwachsen.

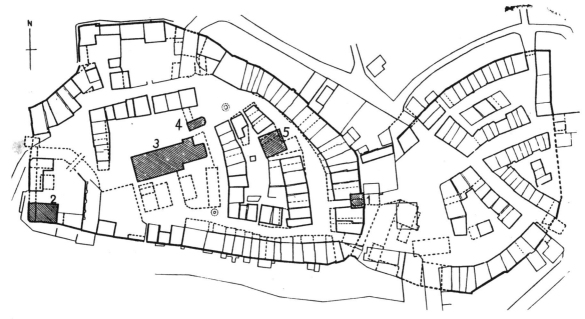

Altstadtgrundriss von Bischofszell: 1 Bogenturm, 2 Schloss, 3 Stiftskirche, 4 Michaelskapelle, 5 Rathaus; ursprünglicher Grundriss gestrichelt (Quelle: «Schweizerische Kunstführer»)

nung der Eisenbahnlinie Sulgen–Bischofszell–Gossau geschaffen, wofür die Bürgergemeinde und die Einwohner grosse finanzielle Opfer erbrachten. Die günstige Verkehrslage zog bald neue Industriebetriebe an, besonders Nahrungsmittel- und Getränkehersteller, aber auch Papier-, Kunststoff-, Metallwaren- und Möbelfabriken. Inzwischen stehen in Bischofszell, das 1990 etwa 4600 Bewohner zählte, gut 1500 Arbeitsplätze zur Verfügung, und zahlreiche Vereine sorgen für ein vielfältiges Kulturleben. Die Veranstaltungen reichen von erlesenen Konzerten und Ausstellungen bis zum alten Brauch des «Sylvesternutzens», bei dem die Bürger seit Generationen Brot, Wurst und Wein bekommen, und dem bis ins 15. Jahrhundert nachgewiesenen Frühjahrs- und Martinimarkt oder den rauschenden «Städtlifesten».

Glück im Unglück

Nicht weniger als dreimal wütete in der Altstadt der «rote Hahn»: erstmals während des St. Galler Abwahlkrieges, dann 1419 und schliesslich 1743, als die Flammen 70 Holzhäuser an der Markt-, Kirch- und Schmalzgasse (heute Tuchgasse) verzehrten. Die letzte Brandkatastrophe sollte indessen für Bischofszell wegweisend werden. Denn keine Geringeren als die damals weitherum bekannten Baumeister-Brüder Grubenmann erstellten nun einen neuen Überbauungsplan mit grösseren Verkehrsflächen. Und sie waren es auch, welche die vornehmsten neuen Bürgerhäuser – jetzt aus Stein – bauten, die in ihrem barocken Gehabe noch heute das Stadtbild prägen. Demgegenüber wurden die einfacheren, verputzten Fachwerkbauten von ein-

Zur Ortsbildpolitik Bischofszells gehört auch der Umgebungsschutz. Das kommt unter anderem der krummen Thurbrücke zugute. Nach der Sage von einer Frau von Hohenzorn zum Andenken an ihre im Fluss ertrunkenen Söhne als gebührenfreier Übergang gestiftet, trägt sie die Jahreszahl 1487 und prägt massgeblich den Aufgang zur Altstadt.

heimischen Meistern errichtet. Zu einem bedauerlichen «Sündenfall» kam es zwischen 1837 und 1840, als der Schlossturm und die alten Stadttore geschleift wurden, weil man dies dem anbrechenden Maschinenzeitalter schuldig zu sein glaubte. Vierzig Jahre später, als die erste Eisenbahn auf Bischofszell zurollte, wurde zudem die Altstadt gegen die Bahnhofstrasse hin geöffnet und setzte mit dem Bau von Aussenquartieren eine neue Ära ein.

Doch zurück zur Altstadt, die einer grossen Acht gleicht und dem kunstgeschichtlich Interessierten zahlreiche spätgotische und barocke Sehenswürdigkeiten enthüllt, von denen hier nur ein paar herausgegriffen seien: zunächst das Schloss, das bis ins 13. Jahrhundert zurückreicht, den westlichen Eckpfeiler der Stadt bildet und von dem Teile der doppelten Ringmauer und das Obervogthaus erhalten geblieben sind. Dann der Zeitglocken- und Bogenturm aus dem 14. Jahrhundert, der die Altstadt mit der Vorstadt verbindet, sowie die achtjochige, gebuckelt-krumme Thurbrücke von 1487; nach einer Sage soll sie von einer Frau von Hohenzorn zum Andenken an ihre im Fluss ertrunkenen Söhne gestiftet worden sein. Die dreischiffige ehemalige Stiftskirche St. Pelagius, die letztmals zwischen 1967 und 1971 renoviert und von neugotischem Zierat befreit worden ist, verbindet Gotik und Barock und birgt einen meisterhaften Hochaltar süddeutschen Stils von 1639. Ein besonderes Juwel im Gassenring ist das 1747–1750 anstelle des abgebrannten Vorläuferbaus vom berühmten Kaspar Bagnato errichtete Rathaus, dessen Treppengeländer, Balkon, Fenstergitter und Innenausstattung hohe Handwerkskunst verraten. Dazu kommen ein Dutzend Grubenmann-Häuser mit ihren typischen Sattel- und Mansarddächern, Rundbogenportalen und gruppenweise angeordneten Fensterreihen, wovon wir bloss das Ortsmuseum und den «Rosen- und Weinstock» an der Marktgasse erwähnen. Nicht zu vergessen das Heiliggeistspital (heute Bürgerheim) des 16. Jahrhunderts mit Bürgerarchiv und Bürgerratsstube, das «Haus zum Zorn», der «Grüne Hof» sowie eine Reihe klassizistischer Bauten in der Vorstadt oder das Tobel-Schlössli (1724) im Südwesten der Stadt.

Ohne Zusammenarbeit geht's nicht

Schlendert man heute durch den historischen Kern Bischofszells, ist man beeindruckt, mit welchem Elan hier in den letzten Jahren ans Werk gegangen wurde, um ihn aufzufrischen. Gewiss, da und dort mag man vielleicht des Guten zuviel getan und die Häuser allzu perfektionistisch herausgeputzt haben, so dass man sich zuweilen wie vor einer unwirklichen Kulisse wähnt. Man kann das aber auch als Ausdruck der Liebe zur Sache und zum Detail deuten, welche die Akteure während dieses Erneuerungsprozesses beseelt. Wie dem auch sei: Ohne das Verständnis und die Bereitschaft der Hausbesitzer einerseits und ohne eine enge Zusammenarbeit zwischen diesen und der Gemeinde anderseits wäre diese Leistung nicht zu erbringen gewesen. Zwar haben Bund und Kanton von 1970 bis 1991 an die Restaurierung der bedeutendsten Objekte (vor allem Stiftskirche und Rathaus) rund 10 Millionen Franken beigesteuert. Den Eigentümern verblieben aber auch so noch recht erkleckliche Beträge.

Um sie zu ermutigen, ihre alten Liegenschaften gleichwohl zu renovieren und so der städtischen Gemeinschaft einen Dienst zu erweisen, kamen ihnen die Stimmbürger entgegen. Sie bewilligten der Altstadtkommission einen jährlichen Kredit von 100000 Franken, womit den Hausbesitzern Beiträge an Mehrkosten entrichtet werden, die ihnen aus Auflagen dieses Gremiums erwachsen. Neben solchen Unterstützungen der Privatinitiative hat die Gemeinde in den letzten Jahren freilich auch Millionenbeträge in eigene Renovationsprojekte gesteckt: in den Bogenturm, die Stiftskirche, das Schloss, das Heiliggeistspital, die Thurbrücke, das Rathaus, das Ortsmuseum sowie in die Pflästerung von Plätzen und Gassen. Und wenn auch noch vieles zu tun verbleibt, die Zwischenbilanz darf sich sehen lassen!

Das Dreieck von Markt-, Kirch- und Tuchgasse (letztere im Vordergrund des Bildes) musste nach dem Stadtbrand von 1743 praktisch vollständig neu errichtet werden. Doch der Wiederaufbau wurde für Bischofszell zum Glücksfall, denn die bekannten Baumeister-Brüder Grubenmann stellten hier eine Reihe vornehmer Barockhäuser auf, die seither das Stadtbild prägen.

Links: Lebensqualität wird auch im «rückwärtigen Raum» grossgeschrieben, hier blüht längs der Altstadtmauer ein vielfältiger Grüngürtel.

Mitte: Barocke Lust an der Form und hohe Handwerkskunst verrät die Eingangspartie des 1747–1750 von Kaspar Bagnato gebauten Rathauses mit seinen Treppengeländern, Fenstergittern und dem Balkon.

Rechts: Das Doppelhaus zum Weinstock und zum Rosenstock in der Unterstadt erstrahlt nach eingehenden Renovationsarbeiten wieder in früherer Pracht.

Links: Der Bogen- oder Zeitglockenturm aus dem 14. Jahrhundert verbindet die Altstadt mit der Vorstadt. An seine Fassade hat Carl Roesch 1945 das Plattenmosaik «Heimkehr der tapferen Bischofszeller aus der Schlacht am Gubel 1531» angebracht.

Rechts: Stilistisch eher aus dem Rahmen fällt das Aerztehaus der Appenzeller Baumeister Grubenmann. Ungewöhnlich in dieser Landesgegend muten besonders die 1899 nachträglich aufgetragenen Sgraffiti an.

Überall erfreuen liebevoll angelegte Blumenbeete und kleine Gärten das Auge, so bei der «Boutique» der ehemaligen Massschneiderei Munz im einstigen Stadtgraben.

1988:
Pruntrut JU

Vom Fürstensitz zum Regionalzentrum

Wird im Fremdenverkehrsprospekt des Elsgau stolz verkündet, die Ajoie und der zerklüftete Clos du Doubs zählten zu den privilegierten Regionen, «wo man noch richtig mit der Natur leben kann», handelt es sich für einmal nicht um eine jener Übertreibungen, denen man in der touristischen Werbung häufig begegnet. Denn der Pruntruter Zipfel gehört tatsächlich zu den Gebieten unseres Landes, die ihren Charakter erstaunlich gut bewahrt haben. Das gilt sowohl für die Landschaft insgesamt als auch für das Städtchen selbst, das während Jahrhunderten das Kraftzentrum einer geschichtlich lebhaften Gegend bildete und dies noch heute in seiner städtebaulichen und architektonischen Struktur belegt.

Spiegel einstiger Macht

Ursprünglich gehörte Pruntrut zum Herrschaftsbereich der Herzöge des Elsass. Im 12. Jahrhundert ging der Dinghof des gleichnamigen Adelsgeschlechtes an die Grafen von Montbéliard über, die hier gegen 1200 eine Burg errichteten. Um diese Zeit sollen am Ort auch schon zwei Kirchen und mehrere Höfe jurassischer Klöster bestanden haben. Ab 1271 unterstand Pruntrut der Lehenshoheit des Bischofs von Basel, der seinen Einfluss in die Ajoie auszudehnen wusste. Er wurde dabei unterstützt von Rudolf von Habsburg, welcher die Stadt einäscherte und ihr dann das Marktrecht verlieh. Richtig verstehen kann man Pruntrut nur, wenn man sich seiner Bedeutung zwischen 1528 und 1792 bewusst geworden ist, als der Fürstbischof seinen Sitz hierher verlegte. Dessen Einzugsgebiet bildete Teil des Heiligen Römischen Reiches Deutscher Nation und reichte vom südlichen Elsass bis zum Bielersee.
Während jener Zeit lagen in Pruntrut nicht nur die Schalthebel weltlicher und kirchlicher Macht, sondern der Ort stieg auch zum Bildungszentrum des Juras auf. Die Ajoie war strategischer Riegel, Verbindungsknoten, Viehzucht- und Ackerbaugebiet, und hier fanden sich Bergwerke, Schmieden und Glashütten. Napoleons Kriege brachten das Reich und damit auch Pruntruts Unabhängigkeit zu Fall. Die Französische Revolution führte dann zur Gründung der kurzlebigen Raurachischen Republik, worauf das Land zunächst zu Frankreich und 1815 durch den Wiener Kongress zum Kanton Bern geschlagen wurde, doch konnte die Stadt ihre Rolle als kultureller Kristallisationspunkt des Juras beibehalten. Zwischen 1870 und 1920 blühte Pruntrut abermals wirtschaftlich auf, was sich wiederum auch städtebaulich niederschlug. Mit der Trennung von Bern und der Bildung des Kantons Jura im Jahr 1979 hat die Stadt erneut an Boden gewonnen, beherbergt sie doch seither verschiedene Verwaltungszweige des neuen Standes.

Viel Grün, viel Wasser

Pruntrut liegt mitten in einem fruchtbaren Ackerbaugebiet, umgeben von vier Hügeln (Le Fahy, La Haute-Fin, La Perche und Le Banné). Von Wäldern und Wiesen bewachsen, überragen diese Erhebungen zwar das Stadtbild nur geringfügig, gewähren aber reizvolle Ausblicke auf die sich sanft dahinziehenden Jura-Ausläufer mit ihren kleinen Tälern und auf die ganz im Grünen ruhenden «Métropole». Den natürlichen Gürtel um die Stadt ergänzen grosse, freigehaltene Anlagen bis hinein ins Zentrum, so der «Parc des Prés de l'Etang» oder die «Vignatte». Allgegenwärtig ist in diesem Karstgebiet neben der Pflanzenwelt auch das Wasser. Bäche schlängeln sich durch die Stadt, bald eingedolt unter Häusern und Strassen, bald aus dem Boden hervorquellend und für eine wohltuende Abwechslung sorgend. Dazu kommen die Sodbrunnen und Wasserspeicher in Privathäusern, zwei erst vor wenigen Jahren renovierte Brunnen, prachtvolle Meisterwerke von Laurent Perroud aus dem 16. Jahrhundert, sowie verschiedene Brücken. Diese Vielfalt von Gewässern, welche durch Pruntrut fliessen, bildet denn auch Bestandteil der ortsbildpflegerischen Bemühungen der Behörden. So wurden in der jüngeren Vergangenheit und werden

143

weiterhin solche Adern freigelegt und so gestaltet, dass sie die Stadt bereichern und von der Bevölkerung als neue Erlebnis- und Erholungsräume auch genutzt werden.

Im Zeichen des Barocks

Die mehrteilige mittelalterliche Stadtanlage wird bestimmt durch zwei parallel verlaufende Gassenzüge, an deren Ende sich einerseits das Jesuitenkollegium und anderseits der Schlosshügel erheben. Stark geprägt wurde das architektonische Erscheinungsbild dieser Barockstadt am Schnittpunkt französischer und deutscher Einflüsse vor allem von den seinerzeit hier residierenden Fürsten und ihren Hofleuten. Prunkbauten wie das etwas kafkaeske Schloss mit einem freistehenden Turm aus dem 13. Jahrhundert, der Renaissance-Residenz und dem Pavillon der Prinzessin Christine von Sachsen, oder aber unten in der Stadt das Hôtel des Halles (einst Markthaus, heute Verwaltungsgebäude), das Hôtel de Gléresse (für die gleichnamige adelige Familie erstellt), das Rathaus und die Herrenhäuser zeugen von jener Zeit. Umfangreich ist auch das sakrale Baugut von Pruntrut, welches die Revolution und mehr als ein Jahrhundert Liberalismus überlebt hat: das ehemalige Jesuitenkollegium und die Jesuitenkirche aus dem 16./17. Jahrhundert mit bemerkenswerten Stukkaturen und einem ihnen angeschlossenen botanischen Garten, das Ursulinerinnenkloster, die reich ausgestattete gotische Pfarrkirche St-Pierre mit ihrer prächtigen Kapelle St-Michel und die merkwürdigerweise ausserhalb der Stadtmauern gelegene Kirche St-Germain.
Wie in den meisten wichtigen Zentren rivalisierten Staat und Stadt auch in Pruntrut. Deshalb wetteifert hier noch heute weltlicher und kirchlicher Fürstenprunk von einst mit den Denkmälern eines selbstbewussten Bürgertums. Zu diesen gehören beispielsweise das ebenfalls barocke Hôtel-Dieu, das zu den schönsten Stadtspitalbauten der Schweiz zählt, sowie die zahlreichen Gebäude längs der Haupt- und Querachsen. Sie bestehen meist aus einem Haupthaus, dem Hof und einem Hinterhaus, über denen sich hohe Steildächer mit unterschiedlichsten Lukarnen erheben. Da und dort unterbrechen auch hübsche Balkone den Fassadenfluss. Während der kurzen Zugehörigkeit des Elsasses zum Zweiten Deutschen Reich wurde Pruntrut zur Duchgangsstation zwischen Mittel- und Südeuropa. Aus dieser Zeit stammen der repräsentative Bahnhof und einige vornehme Hotels und Herrenhäuser. Trotzdem zeigte sich die mittelalterliche Struktur der Stadt noch Ende des 19. Jahrhunderts als weitgehend unangetastete Einheit.

Aussenquartiere unter Druck

Hatten sich die frühindustriellen Unternehmungen noch ganz an der Peripherie niedergelassen, rückten sie um die Jahrhundertwende immer näher an das Stadtzentrum heran. Bevorzugt wurden vor allem die östlichen und westlichen Einfallachsen von Delémont und Courtedoux. Zudem entstand ein – gemessen an seiner verkehrsmässigen Bedeutung zwar überrissenes – Bahnhofquartier mit grosszügig umgrünten, aber stilistisch recht heterogenen Wohnhäusern und andern Bauten. In den Aussenquartieren wechseln Villenstrassen mit industriellen Gebäuden, Arbeitersiedlungen, Wohn- und Geschäftshäusern, verschiedenen Schul-, Kultur- und Sportanlagen, worunter ein Theatersaal im Jugendstil. Charakteristisch an diesen Quartieren ist, dass sie häufig von weiten Garten- und Parkanlagen durchwoben sind, teilweise wohl als Ausgleich gedacht für die eher nüchtern konzipierten Fabrikarbeiterblöcke der industriellen Blütezeit.
Nach dem Zweiten Weltkrieg entstanden am Stadtrand weitere neue Quartiere – Ein- und Mehrfamilienhausgebiete und namentlich am östlichen Fuss der Altstadt Geschäftshäuser aller Art. Besonders die letzteren sind architektonisch oft dürftig gestaltet und beeinträchtigen die mittelalterliche Silhouette im Hintergrund, ja verunstalten diese sogar. Dafür ist es an andern Stellen längs des Altstadtringes wesentlich besser gelungen, die Nahtstellen zwi-

das fürstbischöfliche Schloss von Pruntrut im Jahre 1697 (vor dem Brand)

Schloss Pruntrut heute

Über Burgen und Schlösser

Bereits im frühen Mittelalter wurden in unseren Breitengraden Wehranlagen aller Art (Türme, Burgen, Kastelle) gebaut, in denen die Adeligen ihre Güter vor feindlichen Übergriffen schützten und die oft auch ihren Untertanen als Zufluchtsort dienten. Meist errichtete man diese Burgen auf natürlichen oder künstlich aufgeschütteten Anhöhen und umgab sie mit Wassergräben und Palisadenzäunen. Bestanden sie ursprünglich ganz aus Holz, traten ab dem 12. Jahrhundert Steinbauten an ihre Stelle. Neben einfacheren Wohntürmen entstanden immer umfangreichere Anlagen, um die dicke Mauerringe und Türme mit Schiessscharten, Brücken usw. angelegt wurden. Mittelpunkt einer Burg bildete die Hauptburg (Bergfried) mit dem Wohnhaus des Burgherrn und der Kapelle.

Eine solche Anlage gibt es auch in Pruntrut. Seit dem 17. Jahrhundert hat sich das fürstbischöfliche Schloss über der Stadt, das einst aus einem ineinander verschachtelten Komplex verschiedenster Gebäude bestand, allerdings stark verändert. Auf der höchsten Kuppe steht als Zufluchtsturm der sogenannte «Réfous», der älteste Teil der Schlossanlage, dessen Eingang acht Meter über dem Erdboden liegt. Im Norden des Schlosshofs prangt das Hauptgebäude, die sogenannte Residenz mit ihren prachtvollen Sälen. An der Ostseite befindet sich der Hahnenturm mit dem bischöflichen Wappen – rund gebaut, um feindliche Artilleriegeschosse abzulenken. Und auf der Südflanke liess der Fürstbischof zum Andenken an Prinzessin Christine vom Hause Sachsen (Vorsteherin des Nonnenklosters von Remiremont/Vogesen) nach dem Brand von 1697 das Haus «der Prinzessin Christine» bauen.

schen dem Gestern und Heute ineinander zu verzahnen. Eine klare Linie, um ein erträgliches Miteinander von überlieferter und zeitgenössischer Architektur zu gewährleisten, erscheint hier schon deshalb zwingend, weil die ehemalige Bischofsstadt in den letzten Jahrzehnten immer mehr regionale Zentrumsfunktionen übernommen hat und so zusehends unter Druck geraten ist.

Was tun mit den Altbauten?

Eines der Hauptprobleme Pruntruts ist, dass sich die Stadt heute einer historischen Bausubstanz gegenübergestellt sieht, die umfangmässig derjenigen einer fünf- bis zehnmal grösseren Gemeinde entspricht. Die Erhaltung und Pflege dieser Liegenschaften stellt daher an Behörden und Bevölkerung überdurchschnittliche Anforderungen. Ohne die Hilfe von aussen wären die Aufgaben unmöglich zu bewältigen. Die beachtlichen Verdienste um die bisher geleistete Arbeit auf diesem Gebiet – das trat anlässlich der Übergabe des Wakker-Preises von 1988 deutlich zutage – kommen denn auch verschiedenen Seiten zu. In erster Linie sind es die Eigentümer, die sich um ihre alten Liegenschaften kümmern und sowohl in der Altstadt als auch darum herum Haus- und Fassadenrenovationen vornehmen. Zu nennen sind sodann die katholische und die reformierte Kirchgemeinde sowie die Jurassische Kantonalbank, die besonders in den letzten zwölf Jahren viel investiert haben, um ihre Gebäude zu erhalten. Der Kanton Jura hat sich bei der Erneuerung des Schlosses, des Lyzeums, des Hôtel des Halles und des Hôtel de Gléresse eingesetzt, und die «Société d'Embellissement de Porrentruy» hat Wesentliches zur Bewusstseinsbildung in der Bevölkerung beigetragen.

Und die Stadtbehörden? Sie können sich auf den Rat und die Hilfe des Bundes stützen, wobei die Zusammenarbeit mit deren Fachstelle als eng und fruchtbar bezeichnet wird. Viel erreichen sie auch durch den ständigen Dialog mit den Eigentümern, den Handwerkern und den Stimmbürgern, denn die Praxis zeigt, dass dauernde Aufklärungsarbeit nötig ist, namentlich wo es um Gebäude der Jahrhundertwende, Ladeneinbauten und Einzelfragen von

Eine der Hauptsorgen Pruntruts ist, dass sich die Stadt einer historischen Bausubstanz gegenübersieht, die umfangmässig derjenigen einer fünf- bis zehnmal grösseren Gemeinde entspricht. Das stellt an Behörden und Bevölkerung überdurchschnittliche Anforderungen. Dennoch konnte die Ortschaft ihre regionalen Zentrumsfunktionen bis heute erfüllen.

Renovationen geht. Als Grundlagen dienen das Baureglement von 1986, ein Altstadtinventar und Mustervorschläge für Fassadenfarben. Daneben kümmert sich die Stadt systematisch um ihre eigenen Gebäude, wie das kürzlich restaurierte Hôtel-Dieu, gestaltet öffentliche Plätze um, nimmt sich der homogenen «Aussenmöblierung» der Stadt an (Brunnen, Bänke, Lampen usw.), pflegt Details wie Ladenanschriften, Blitzableiter und Windfahnen. Ebenso geht sie daran, bei schönen Gebäuden später aufgesetzte und störende Elemente wieder zu entfernen.

Es gibt noch viel Arbeit

Trotz dieser Anstrengungen und Erfolge sind die Behörden besorgt über die Entwicklung der Altstadt. War diese nämlich anfangs des Jahrhunderts noch dicht besiedelt, so hat sie sich in den folgenden Jahrzehnten immer mehr entvölkert und Pruntrut ist kontinuierlich ins Grüne hinausgewachsen. Wo einst ein Gebäude von vier bis fünf Haushaltungen belegt war, wohnt jetzt meist nur noch eine Familie. Ausserdem vertreiben kleine Studios Familien mit Kindern aus dem historischen Kern – zumal die meist kostspieligen Renovationen von Altliegenschaften zinsgünstige Wohnungen zu Appartements mit sündhaft hohen Mietzinsen machen. Durch den steigenden Verkehrslärm in den alten Gassen leidet auch die Lebensqualität in diesem Stadtbereich. Auch ist die Zahl der Gaststätten im Zentrum stark geschrumpft, was sich unweigerlich auch auf die sozialen Kontakte auswirkte.
Durch eine Reihe von Massnahmen versucht der Stadtrat daher seit einiger Zeit, den historischen Teil Pruntruts zu beleben. So soll hier unter anderem die Anzahl der Kleinwohnungen bei Renovationen beschränkt und der Verkehr eingedämmt werden. Anderseits will man Dachstockausbauten teilweise erlauben und die Ansiedlung von Dienstleistungsbetrieben gezielt steuern. Seit einiger Zeit werden ferner Versuche mit Fussgängerzonen durchgeführt, und man will am Stadtrand Parkmöglichkeiten schaffen. Man will damit die Kernzone entlasten und sie – nicht zuletzt für den Einkaufsbummel – attraktiver machen. Im weitern wird auch die Veranstaltung von Volksfesten in der Altstadt (Braderie, Fête du Faubourg) aktiv gefördert. Zudem möchte man die öffentlichen Plätze, Parkanlagen und Fusswege weiter verbessern und im Zentrum neue Schwerpunkte bilden. Auch wird angestrebt, die planerischen Instrumente zu verfeinern und die Inventarisierungsarbeiten zur Erfassung der baukulturellen Substanz fortzusetzen. Schliesslich soll die Information der Öffentlichkeit ausgebaut werden, vor allem über Bauten der Jahrhundertwende, über die zweckmässige Gestaltung von Ladengeschäften im Altstadtbereich und über die so wichtige Pflege jener Einzelheiten, die das Bild einer historischen Stadt wesentlich bestimmen. Denn ohne ständige Bewusstseinsbildung läuft alles nur halb so rund.

Linke Seite, oben: Hoch über der Altstadt thront das fürstbischöfliche Schloss, dessen Anfänge um das Jahr 1200 datieren. Ihre heutige Form erhielt die Anlage im 17. Jahrhundert. Eindrücklichste Elemente sind der sogenannte «Réfous» (Bergfried) und die Residenz im Renaissance-Stil.

Linke Seite, unten links: Das barocke Hôtel-Dieu mit seinem doppeltreppigen Eingang zählt zu den schönsten Stadtspitalbauten der Schweiz. In ihm sind heute das städtische Museum, die Stadtbibliothek und eine originalge-treue alte Apotheke untergebracht.

Linke Seite, unten rechts: Wie viele andere prunkhafte Gebäude verrät auch das Rathaus aus dem 18. Jahrhundert jene französisch-deutschen Einflüsse, die Pruntrut durch seine glorreiche Fürstenzeit geprägt haben. Beachtenswert ist die bei uns eher selten anzutreffende Attika-Balustrade.

Rechte Seite: Die Fontaine du Banneret, einer der drei Figurenbrunnen in der Altstadt, umfasst ein achteckiges Wasserbecken mit einer reichverzierten Säule. Zwischen den Beinen des Bannerträgers ein Keiler, das Wappentier von Pruntrut.

Oben: Während der kurzen Zugehörigkeit des Elsass zum Zweiten Deutschen Reich wurde Pruntrut Durchgangsstation zwischen Mittel- und Südeuropa. Aus dieser Zeit stammen das monumentale Bahnhofgebäude (im Bild) und in seiner Nähe eine Reihe vornehmer Hotels und Herrenhäuser mit teils grosszügigen Grünanlagen.

Unten: Sowohl die öffentliche Hand als auch die privaten Hauseigentümer haben in den letzten Jahren keine Kosten gescheut, um die immer mehr zerfallende und verlassene Altstadt wiederzubeleben. Der Bereitstellung renovierter Wohnungen wird dabei ebenso Aufmerksamkeit geschenkt wie der Integration von Geschäftshäusern, hier der Jurassischen Kantonalbank.

1989:
Winterthur ZH

Siedlungen mit Modell-Charakter

Mit der Verleihung des Wakker-Preises 1989 an die Stadt Winterthur verlagerte der Schweizer Heimatschutz erstmals deutlich die Akzente. Denn gewürdigt wurden nicht etwa die Verdienste der Eulachstädter um ihren mittelalterlichen Kern – nein, die Lorbeeren galten den Bemühungen rund um die bahnbrechenden Gartensiedlungen des 19. und frühen 20. Jahrhunderts. Man wolle «die Leistung Winterthurs zur Erhaltung einer hohen Lebensqualität im Siedlungswesen und zur Bewahrung von industriegeschichtlichen Zeugen hervorheben», liess die Vereinigung damals verlauten.

Ganzheitliches Denken

Das waren neue Töne und widerspiegelten eine erweiterte Heimatschutz-Optik, die allerdings nicht überall gleich gut aufgenommen wurde und den einen oder andern sogar irritiert haben mag. Denn wie konnte eine Organisation, die bislang vor allem historische Städtchen und Bergdörfer geehrt hatte, sich nun plötzlich Arbeitersiedlungen und dergleichen zuwenden? – Man begründete den überraschenden Entscheid damit, diese Siedlungen würden den Boden sparsam nutzen und zugleich private Sphären mit gemeinschaftlichen Bereichen verbinden. Deshalb stelle ihre Reihenhauskonzeption gerade im Lichte der sich zuspitzenden Bodenverknappung eine nach wie vor gültige und familienfreundliche Wohnform dar.
Es ging aber noch um mehr: aus einer ferneren Vergangenheit auszubrechen, eine Brücke zur Gegenwart zu schlagen und das architektonische und städtebauliche Erbe der industriellen Epoche aufzuwerten. Denn diese hat unsere gegenwärtigen Verhältnisse weit mehr geprägt als die bäuerlich-feudale Zeit. Schliesslich handelte es sich auch darum, die städtebaulichen, architektonischen und ästhetischen Gesichtspunkte, die bislang massgebend waren, um raumplanerische, soziale, stadtökologische, wirtschaftliche und wohnqualitative Aspekte zu ergänzen, also auch den Heimatschutz umfassender zu verstehen als bisher.

Flucht aufs Land

Nun, wie hat man sich diese Ehrung verdient? Dazu müssen wir etwas ausholen: Die Anfänge Winterthurs reichen bis in die keltisch-römische Zeit zurück. Gegründet wurde die Stadt 1170 von Hartmann III. von Kyburg als Markt- und Stapelplatz. 1264 diente sie als habsburgischer Stützpunkt gegen die Eidgenossenschaft, wurde dann 1467 an die Stadt Zürich verpfändet und blieb ihr bis zur Französischen Revolution untertan. Um jene Zeit waren die Altstadt als ummauertes Wohngebiet und die Landschaft mit ihren Wiesen, Äckern und Baumgruppen noch scharf getrennt. Dazwischen aber lag ein Gartengürtel, wo die Städter Gemüse, Obst und Beeren zogen, und an den sonnigen Abhängen des Lind- und Brühlbergs wurden die Reben gepflegt. Ermuntert durch Rousseaus «Zurück zur Natur» flohen aber immer mehr Winterthurer aus der Enge der mittelalterlichen Gassen und bauten sich in der Umgebung ihre Landhäuser.
Hinzu kam eine andere Bewegung: Hatte sich Winterthur schon im Mittelalter mit einer Reihe berühmter Keramikmanufakturen, Ofenbauern, Webereien und Glasmalereien weit über seine nähere Umgebung hinaus einen Namen geschaffen, entwickelte sich der Ort seit dem 19. Jahrhundert rasch von einer Gewerbestadt zu einem Industrie- und Handelszentrum mit weltweiter Ausstrahlung. Doch während sich die Arbeitsplätze in der Stadt ständig vermehrten, konnte das Wohnungsangebot damit nicht Schritt halten. Deshalb mussten Angestellte und Arbeiter auf die umliegenden Bauerndörfer ausweichen. So entstanden hier im Laufe der Jahre viele familienfreundliche Gartensiedlungen. Das stellte die Gemeinden vor wachsende Probleme. Sie waren nur noch zu lösen, indem Oberwinterthur, Seen, Töss, Veltheim und Wülflingen 1922 in die Stadt eingemeindet wurden.
Über jenen Umbruch schrieb der Konservator Dr. Heinz Keller anlässlich der Ausstellung «Winterthur und seine Gärten» im Jahre 1975: «... es war eine besondere Gunst der Entwicklung, dass die

Winterthurer Altstadt im 19. Jahrhundert nicht einwuchs in geschlossene Wohnquartiere nach dem Muster der europäischen Grossstädte. Städtische Planung und private Gartenliebe wirkten hier glücklich zusammen: Anstelle der Gräben und Wälle wurden von Baumreihen und Promenaden begleitete Strassen angelegt; die grossen kommunalen Neubauten wurden in einem ausgesparten Grüngürtel erstellt. Es waren die politischen Ideen des neuen Jahrhunderts, die in dieser städtebaulichen Konzeption zum Ausdruck kamen: die Stadt brachte rings um die Altstadt die früher unauffällig in die Gassen eingegliederten Bauten der Allgemeinheit – der Verwaltung (Stadthaus), der Kultur (Schulen, Museen, Bibliothek), des religiösen Lebens (Kirchgemeindehaus) – repräsentativ zur Darstellung. Daneben schuf sie ein gliederndes System von Quartierstrassen, in das im Sinne des Liberalismus die verschiedenen Schichten der Bevölkerung ihre Wohnhäuser einfügen konnten.»

Jedem seinen Vor- und Gemüsegarten

So entstanden im Laufe der Zeit am Rande der Altstadt die heutigen Parkanlagen, Fabrikantenvillen, mittelständischen Reihenhäuser und die einheitlich geplanten Arbeiter- und Angestelltensiedlungen. Zugleich schnellte die Einwohnerzahl Winterthurs im 19. Jahrhundert von 3000 auf 22500 und nach der Eingemeindung gar auf 50000 Personen. Solche Siedlungen finden sich freilich auch in andern Städten, nirgends aber in der Fülle und Geschlossenheit wie hier. Es ist erstaunlich, wie früh und wie stark man sich in der Eulachstadt der vielfältigen Funktionen der Gärten bewusst war und diese in die städtebauliche Planung einbezog. Als es beispielsweise darum ging, den 1865 angelegten Strassenraster der Aussenquartiere mit Wohnbauten auszufüllen, wurde darauf geachtet, dass die neuen Häuser sowohl einen strassenseitigen Vorgarten als auch einen grösseren rückseitigen Gemüsegarten erhielten. Die von England beeinflusste Idee wurde dabei nicht nur von den Architekten gefördert,

sondern auch von weitsichtigen Fabrikanten wie Heinrich Rieter.

Genossenschaften mit Ideen

Er war es auch, der ab 1852 für sein Personal in Töss eine aus zwölf Doppeleinfamilienhäusern mit Gärten und einem gemeinsamen Wasch- und Badehaus bestehende Siedlung bauen liess. Diesem Beispiel folgten 1872 die Gebrüder Sulzer AG in Veltheim und die Schweizerische Lokomotiv- und Maschinenfabrik in Töss. Als jedoch die Wohnverhältnisse in der Stadt selber immer prekärer wurden, gründeten engagierte Bürger unter dem Vorsitz von Pfarrer Johann Caspar Zollinger im selben Jahr die «Gesellschaft für Erstellung billiger Wohnhäuser», eine AG mit gemeinnützigen Zielen, in welcher auch die Industrie und die «Hülfsgesellschaft Winterthur» mitwirkten. Ihre erste Siedlung mit Doppel- und Reiheneinfamilienhäusern begann sie im gleichen Jahr am Deutweg zu bauen. Dem folgten weitere Anlagen, so im Tössfeld und Geiselweidquartier – bis 1914 über 500 Einheiten.
Nach dem Ersten Weltkrieg tauchte die Eisenbahner-Genossenschaft «Union» auf, die ihre Häuser in der Breite errichtete. 1920–1922 erstellte die Stadt eine Wohnkolonie mit 48 Häusern an der Jonas-Furrer-Strasse, und um dieselbe Zeit wurden im Lantig und Weihertal bei Wülflingen zwei kleinbäuerliche Siedlungen mit Einfamilienhäusern und Landanteil verwirklicht. Ein Jahr später liess die Heimstättengenossenschaft die Eigenheimsiedlungen an der Weberstrasse, im Eichliacker und in Veltheim bauen; sie gelten noch heute als vorbildlich. Eine grössere Überbauung mit 188 zweigeschossigen Reiheneinfamilienhäusern und einem eigentlichen Zentrum folgte von 1925 bis 1929 durch die Genossenschaft «Selbsthilfe» in der Geiselweid. Noch umfangreicher wurde die Siedlung «Stadtrain» (1928–1943) am Fusse des Oberwinterthurer Kirchhügels mit 124 Kreuzreihenhäusern und einigen viergeschossigen Wohnblöcken als Abschirmung gegen die Frauenfelderstrasse.

Arbeiterhäuschen und Gartenstadt

Die Idee der Arbeitersiedlungen geht auf das 19. Jahrhundert zurück und wurde in England geboren. Sie war eine Folge der rasch um sich greifenden Industrialisierung. Nahe bei den überall aus dem Boden schiessenden Fabriken wurden für die Arbeiter einfache Reihenhäuser ohne Garten und besonderen Komfort aufgestellt. Von hier aus verbreitete sich dieser meist monoton wirkende Siedlungstyp über ganz Europa. Als Vorbild setzte sich dabei insbesondere ein in Frankreich entwickeltes Arbeiterhaus durch: ein doppelstöckiger Vierfamilienbau mit kreuzförmigem Grundriss und je einer Küche, Wohnstube und zwei Schlafzimmern. Andernorts – so zum Beispiel im Ruhrgebiet – pferchte man die Arbeiterfamilien zunächst in Massenunterkünfte, später in kleinere «Kolonien», die Vorläufer der Gartenstädte, wo die Bewohner auch ein kleines Stückchen Land zur Selbstbewirtschaftung bekamen.

Dieser letzte Siedlungstypus hielt auch in Winterthur Einzug. Im Unterschied zu andern Schweizer Industriestädten sind hier nämlich kaum Mietkasernen entstanden. In einer Beschreibung der ersten Arbeitersiedlung um 1860 heisst es, dass man schon damals bestrebt war, dem Fabrikarbeiter ein freundliches Heim zu bieten, mit viel Licht und Sonne. Mit dem Bau kleiner Einheiten für eine oder mehrere Familien, umgeben von Gärten, Parks und Wäldern, unterstrichen die Erbauer nicht nur ihre soziale Gesinnung, sondern wurden auch erzieherische Ziele verfolgt. Denn der Industrielle Heinrich Rieter zum Beispiel meinte, dass das Kasernen-System die Streitigkeiten unter den Bewohnern fördere sowie der Reinlichkeit, Moralität und Gesundheit zuwiderlaufe. So entschied sich Winterthur für die Gartenstadt.

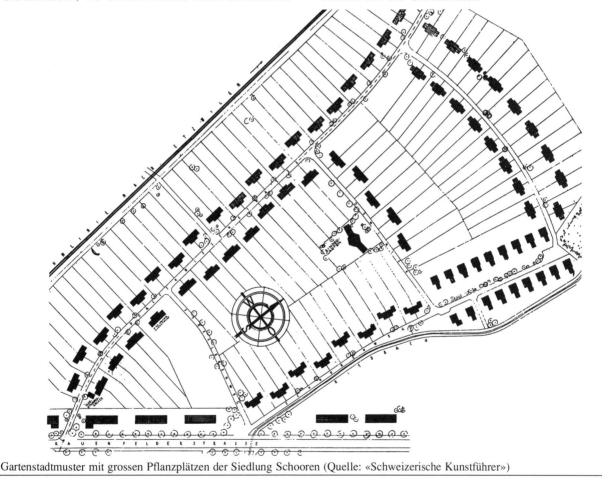

Gartenstadtmuster mit grossen Pflanzplätzen der Siedlung Schooren (Quelle: «Schweizerische Kunstführer»)

Planerisches Hin und Her

Die Stadt hat diese sowohl wirtschaftlich als auch sozialpolitisch bedingte Wohnbautätigkeit durch entsprechende Bauvorschriften, Baurechtsabtretungen, Genossenschaftsbeteiligungen und Subventionen gefördert und auch ihre Raumordnungspolitik darauf ausgerichtet. Nach der Eingemeindung der umliegenden Bauerndörfer entwarf der Planungspionier Albert Bodmer einen ersten Bebauungsplan. Er war ganz und gar beseelt von der Gartenstadtidee, denn für ihn stellte sie «in kultureller und technisch-organisatorischer Hinsicht den idealen Typus einer Industriestadt dar». Auf diesen stützten sich die in der Folge bis zum Zweiten Weltkrieg erbauten Siedlungen, an denen so bekannte Architekten wie Hans Bernoulli, Adolf Kellermüller, Franz Scheibler, Hermann Siegrist, Rittmeyer und Furrer u. a. beteiligt waren. Damit kontrastierten jedoch die planerischen Absichten der Nachkriegszeit. So sah der 1964 genehmigte Zonenplan den Übergang von der beschaulichen

Mit der Verleihung des Wakker-Preises 1989 an die Stadt Winterthur würdigte der Schweizer Heimatschutz deren Bemühungen rund um die Garten- und Arbeitersiedlungen des 19. und frühen 20. Jahrhunderts. Diese entstanden während des industriellen Aufschwungs der Eulachstadt und stellen noch heute vorbildliche Lebensräume von hoher Qualität dar.

Mittelstadt zu einem eher grossstädtischen Bereich vor, indem er in Winterthur Platz für 150000 Einwohner (1991 rund 88000!) schaffen wollte. Solch hochgegriffene Ziele sollten einmal durch neue Einzonungen erreicht werden. Anderseits wurden Dutzende von Villen- und Arbeiterquartieren aus der Zeit von 1850 bis 1950 massiv aufgezont und damit langfristig dem Abbruch freigegeben. Die historische Altstadt wurde nur unzureichend von zerstörerischen Eingriffen geschützt und liess eine starke Bauverdichtung zu. Das Gründerquartier wurde der Geschäftshauszone mit zwei Mehrgeschossen zugeteilt. Ähnliches geschah in den Villenquartieren. Wohn- und Arbeitszonen wurden getrennt, Wohnquartiere direkt an die Verkehrsträger angeschlossen. Immissionen kannte man nicht, und Naturschutzgebiete wurden kaum ausgeschieden.

Doch die Planerutopien wurden von der Wirklichkeit zunichte gemacht. Gottlob! So konnten die Schäden begrenzt werden – nicht zuletzt dank der Mithilfe des Winterthurer Heimatschutzes. Nach jahrelangem Ringen trat 1987 ein revidierter Zonenplan in Kraft. Er soll die hergebrachte Bausubstanz samt ihren grünen Umlandstrukturen erhalten. Zu diesem Zweck wurden unter anderem 27 bewahrenswerte Arbeiter- und acht Mehrfamilienhaus-Siedlungen sowie fünf Villenquartiere wieder auf die hergebrachte Baustruktur zurückgezont. Ausserdem hat man Sonderbauvorschriften erlassen, schutzwürdige Bauten, Pärke und Bäume inventarisiert und einzelne Objekte rechtlich unter Schutz gestellt.

Neue Herausforderungen

Mit diesem Instrumentarium dürfte nicht nur der Fortbestand eines wesentlichen Teils der Winterthurer Städtebaugeschichte mit ihren pionierhaften und lebensfreundlichen Arbeiterquartieren, Reihenhäusern und architektonisch bedeutenden Fabrikantenvillen sowie den sie umgebenden grosszügigen Grünanlagen bis auf weiteres gesichert sein. Denn hier ist in der Vergangenheit mehrfach vorgeführt worden, wie auch mit beschränkten Mitteln ästhetisch und in bezug auf die haushälterische Bodennutzung, Wohnqualität und soziale Funktion überzeugende Architekturleistungen erbracht werden können. Und mit ihren Weichenstellungen der achtziger Jahre haben die Eulachstädter gezeigt, dass sie sich diesem einzigartigen Erbe verbunden wissen und es mit den drängenden raumplanerischen Geboten unserer Zeit zu verknüpfen gewillt sind.

Solche Weitsicht ist auch nötig, denn bereits kündigen sich neue Herausforderungen an: Winterthur steht am Anfang eines tiefgreifenden Umbruchs von der Industriestadt zum Dienstleistungszentrum. Davon betroffen werden insbesondere das heutige Industrie- und Gewerbeareal im Westen des Bahnhofs. Verschiedene andere Anlagen sollen erweitert werden. Zudem will die Weltfirma Sulzer ihre Produktion schrittweise verlagern, wodurch ihre alten und ausgedehnten Werkhallen und -plätze frei werden. Was aber soll mit alledem geschehen? – Abbrechen? Neu überbauen? Erhalten? Umnutzen?... Vieles, was Winterthur einst zur Arbeiterstadt gemacht hat, wird über kurz oder lang zweifellos verschwinden und Neuem weichen müssen. Wie dieses aber gestaltet werden soll, ist für die Zukunft der Stadt von grosser Bedeutung. Winterthurs Weg von der «Werkstadt zur Neustadt» fordert deshalb heraus, ist eine kulturpolitische Aufgabe im weitesten Sinne. Sie stellt sich nicht nur den betroffenen Unternehmungen und beigezogenen Städteplanern und Baufachleuten von europäischem Rang, sondern sie verlangt ebenso das aktive Mitdenken der gesamten Bevölkerung. Ernst genommen, kann sie zu einer wegweisenden Chance werden...

Oben, links und rechts: Neben Arbeitersiedlungen verfügt Winterthur über eine Reihe herausragender Herrenvillen. Zu den wertvollsten Vertretern dieses Haustyps zählen beispielsweise die in französischem Neurenaissance-Stil gehaltene Villa Bühler (links) sowie die barockhafte Villa zur Pflanzschule (rechts).

Links: Zusammen mit Adolf Kellermüller realisierte der sozial engagierte Freiwirtschafter und Städtebautheoretiker Hans Bernoulli in Winterthur drei genossenschaftliche Siedlungen mit schlichten Reihenhäusern. Er strebte dabei Gebäude für das Existenzminimum mit einer einheitlichen Formensprache, kubischen Hausformen und ausgewogenen Fassaden an.

Rechts: Die Siedlung «Stadtrain», erbaut zwischen 1928 und 1943 am Fusse des Oberwinterthurer Kirchhügels, umfasst 124 Kreuzreihenhäuser, jedes mit einem kleinen Garten. Viergeschossige Wohnblöcke schirmen sie gegen die dicht befahrene Frauenfelderstrasse ab.

Während der letzten Jahre zunehmend aktueller geworden ist in Industriegemeinden die Frage, was mit stillgelegten Fabrikgebäuden geschehen soll. In der Winterthurer Hard wurde eine ehemalige Spinnerei in eine Reihenhaussiedlung verwandelt. Auch das eine sinnvolle und zudem bodenschonende Umnutzung alter Bausubstanz! Den beiden Knirpsen jedenfalls scheint ihr nachindustrieller Lebensraum zu behagen…

1990:
Montreux VD

Der «Belle époque» verpflichtet

Muss man Montreux überhaupt noch vorstellen? Denn die «Perle der Riviera», wie die Stadt am Genfersee zuweilen genannt wird, geniesst weit über die Grenzen unseres Landes hinaus Berühmtheit. Das Jazz-Festival, die «Goldene Rose», das Musik-Festival und die Internationalen Choraltreffen tragen ihren Namen jedes Jahr in alle Welt. Und laufend ziehen hier grosse und kleine Kongresse über wirtschaftliche, wissenschaftliche und politische Themen Fachleute aus allen Ländern an. Die prächtige Lage an den Gestaden des Lémans, das milde Klima, die nahen Berge und ein überdurchschnittlicher Hotelstandard haben den Ort ausserdem zu einem Tourismuszentrum ersten Ranges gemacht. Montreux steht aber auch für Aus- und Weiterbildung. Schüler und Studenten aus aller Herren Ländern lassen sich an der Privatinstituten ausbilden, die hier seit Jahrzehnten etabliert sind. Wozu also diese zusätzliche Würdigung eines Gemeinwesens, das sich mangelnder Ehrenbezeugungen beileibe nicht beklagen kann?

Im Sog der Bahnen

In seiner Laudatio vom 23. Juni 1990 führte der Präsident des Schweizer Heimatschutzes aus, mit der Zusprechung des Wakker-Preises an die Stadt Montreux wolle man deren Bestrebungen zur Pflege der vom Tourismus des 19. Jahrhunderts geprägten baulichen Struktur anerkennen und zugleich Bevölkerung und Behörden ermutigen, das vor einiger Zeit eingeleitete städtebauliche Umdenken fortzusetzen. Um das zu verstehen, muss man sich die neuere Geschichte von Montreux vergegenwärtigen: Massgeblich geprägt wurde die Gemeinde nämlich in der zweiten Hälfte des vorigen Jahrhunderts, als sich die Ortschaft zu einer vor allem von der europäischen Aristokratie aufgesuchten Ferienmetropole mauserte. Den «Boom» ausgelöst und gefördert hatte die 1861 eröffnete Bahnlinie, die Frankreich und Deutschland verbinden sollte. Dutzende von Hotels schossen während jener Zeit aus dem Boden. Nach dem Bau der elektrischen Strassenbahn von Vevey zum Schloss Chillon (1888) und von vier Bergbahnen sowie mit der Inbetriebnahme der Bahnverbindungen nach Blonay und Château-d'Oex im Pays d'Enhaut wurden in einer weiteren Etappe auch die höheren Regionen touristisch erschlossen, hier namentlich für den Wintersport. (Die Strassenbahn von Montreux gab übrigens weltweit zu reden, weil 1896 an diese eine Filmkamera befestigt wurde, welche die Durchquerung von Montreux festhielt und so das erste aus einem rollenden Fahrzeug entstandene Dokument der Filmgeschichte darstellte.) Die Bauexplosion, die diesen Teil des Genferseeufers innert 40 Jahren verstädtert hatte, wurde dann vom Ersten bis zum Ende des Zweiten Weltkrieges jäh unterbrochen, setzte aber nachher wieder unvermindert ein und hinterliess hier landschaftlich grässliche Spuren – so die Hochhäuser am See und die Kunstbauten der Autobahn von Lausanne ins Wallis.

Originelles Chaos

Städtebaulich verlaufen die Schwerpunkte des mondänen Touristenortes denn auch längs eben dieser Bahnachsen. Dabei zeigt sich dem Betrachter heute ein ziemlich anarchisch anmutendes Siedlungsbild mit teilweise geradezu disharmonischen Akzenten, zumal die steile Hanglage des Ortes manche Wunde besonders hart hervortreten lässt. Auf den ersten Blick scheint deshalb Montreux raumplanerischen und ortsbildpflegerischen Zielen eher zu widersprechen, als eine Auszeichnung zu verdienen. Hier ist allerdings zu berücksichtigen, dass die zerstreute Bebauung weitgehend auf die ursprüngliche Struktur des Ortes zurückzuführen ist, der aus mehreren Siedlungen vom See bis in die alpinen Höhen besteht und erst im Laufe der Zeit verschmolz.
Wenn die Gemeinde trotzdem den begehrten Preis erhielt, dann einmal wegen der hier ungewöhnlich vielseitigen und noch intakten Bausubstanz aus der Frühzeit des schweizerischen Tourismus: pompöse Hotelpaläste, ein schmucker Bahnhof, nostalgische Bergbahnen, originelle Kirchen, Villen, Chalets,

Wohn-, Geschäfts- und Pensionatshäuser, die an köstlichen Details (Fassaden, Balkone, Fenster, Türen usw.) zuweilen überquellen. Viele ältere Hotels entsprechen nicht mehr heutigen Bedürfnissen. Für deren Besitzer stellt sich daher die Forderung, ihre Unternehmen baulich und betrieblich möglichst rasch zu erneuern oder andern Zwecken zuzuführen, wenn sie langfristig überleben wollen – beispielsweise der Umnutzung in Wohnungen. Auf der andern Seite lebt in Montreux eine Bevölkerung, die zunehmend gewillt scheint, aus den schwerwiegenden Bausünden der Vergangenheit zu lernen und durch planerische, rechtliche und bauliche Massnahmen ein tragbares Nebeneinander von Vergangenheit, Gegenwart und Zukunft sicherzustellen.

Schutzmassnahmen und Wettbewerbe

Aus diesem Grunde ist in den letzten Jahren – nicht zuletzt auf Betreiben lokaler und kantonaler Schutzvereinigungen – einiges in Fahrt gekommen, das dem beträchtlichen Druck der Immobilienwirtschaft entgegensteuert. So hat der Kanton in Absprache mit der Gemeinde rund 40 Gebäude – worunter das traumhafte Hotel Palace (erbaut 1906) – unter Schutz gestellt. Weitere Begehren um Aufnahme ins Schutzinventar liegen bei der Kantonsregierung. Aufgrund einer Volksinitiative hat die Gemeinde sodann die Markthalle von 1890, welche aus verkehrstechnischen Gründen hätte abgebrochen werden sollen, abgetragen, renoviert und leicht verschoben am Seequai wieder aufgerichtet. Ferner hat sie das Grand Hôtel in Territet (1842) erworben und renoviert, um darin Wohnungen und ein audio-visuelles Museum unterzubringen. Durch Quartierpläne einigermassen geschützt sind die Hotels Splendid (1880) und National (1872) sowie die Villa Florentine (1895), die in eine Kunstgalerie verwandelt wird. Die Pension Beau Cèdre hätte zuerst abgebrochen werden sollen, worauf die Gemeinde einen Quartierplan ausarbeitete, der indessen nicht in Kraft trat, weil ein privater und initiativer Käufer den Bau von sich aus restaurierte.

Ebenfalls gesichert ist sodann der Sportpavillon beim Palace-Hotel, der öffentlichen Veranstaltungen (Konzerten usw.) dienstbar gemacht wurde und dessen Umgebung noch umgestaltet werden soll. Zur geschützten Zone erklärt wurden im weitern die 21 als Gesamtanlage konzipierten und von weiten Gärten umgebenen privaten Villen Dubochet (1874–1879) in Clarens, die einst saisonweise und einschliesslich Dienstboten an Familien vermietet wurden, die nicht in einem Hotel untergebracht sein wollten. Um deren Renovation und künftige Nutzung kümmern sich die Gemeinde, der Kanton und der Bund. Mittels eines von 1987 stammenden Nutzungsplanes sind schliesslich die meisten Gebiete geschützt, in denen Hotels des 19. und beginnenden 20. Jahrhunderts stehen, so in Glion, Caux, Mont-Fleuri, Les-Avants, Chamby und Chaulin. Auch sind die lokalen Behörden seit kurzem gewillt, bei heiklen Bauaufgaben Architekturwettbewerbe durchzuführen, um so zu städtebaulich optimalen Lösungen zu kommen.

Von Rousseau besungen

Denn dazu gebietet im Grunde schon die Landschaft der oberen Genferseegegend. In seinem Roman «Julie ou la Nouvelle Héloïse» hatte Jean-Jacques Rousseau deren Schönheit bereits 1761 besungen. An der wichtigen Verbindung zwischen dem Burgund, dem Grossen St. Bernhard und Norditalien gelegen, wurde sie deshalb schon in frühgeschichtlicher Zeit und dann besonders von den Römern besiedelt. Spuren davon finden sich zum Beispiel auf der dem Seeufer vorgelagerten kleinen Insel unweit von Montreux, die später – zwischen dem 11. und 13. Jahrhundert – zu einer inzwischen berühmten Wehranlage ausgebaut wurde: zum Schloss Chillon. Das geheimnisumwitterte Bollwerk, das dann ständig erweitert und wehrtechnisch vervollkommnet wurde, während der bernischen Besetzung des Waadtlandes als Waffenarsenal und Gefängnis diente, im 19. Jahrhundert zerfiel und darauf in einem Kraftakt restauriert wurde, gehört zu den eindrücklichsten Bauten dieser Art in Europa und belegt die einstige strategische Bedeutung dieses Landstriches.

Im Mittelalter gehörte das Gebiet zuerst zum Bistum Lausanne, dann dem Bischof von Sitten und geriet schliesslich unter die Obhut der Grafen von Savoyen und ihrer Lehensherren auf Schloss Châtelard, deren Nachfolger ihre Herrschaftsrechte bis weit in die Besetzungszeit der Berner hinein wahrnahmen. Der imposante Turm dieses um 1440 erstellten, während des Burgunderkrieges teilweise zerstörten und darauf wieder aufgerichteten Schlosses verrät übrigens noch heute, wer hier einst das Sagen hatte. Es waren laut Rousseau arbeitsame Leute, die dieses Stück Erde beackerten und bewohnten, wenige Handwerker und daneben fast nur Landwirte: Wein- und Ackerbauern in den unteren Abhängen am See, Viehzüchter weiter oben, bis hinauf in die Alpen am Dent de Jaman und an den Rochers de Naye.

Eine Region fusioniert

Noch zu Beginn des 19. Jahrhunderts war Montreux ein kleines, feudales Lokalzentrum, umringt von rund zwanzig ländlich-bäuerlichen Dörfern und Weilern wie Caux, Les-Avants, Glion, Clarens, Chernex oder Chailly. Dank der Schiffahrt, die den grössten Teil des Warenverkehrs bewältigte und die sich mit dem Aufkommen der Dampfschiffe stark entwickelte, erlebte der Ort dann einen kräftigen Aufschwung. Ab 1815 kamen zaghaft Pensionen auf, einige Jahre später öffneten die ersten Hotels ihre Tore und lockten fortan immer mehr Gäste an die Gestade des Lémans – Aristokraten, Künstler, Kaufleute. Der nächste Entwicklungsschub folgte – wie bereits erwähnt – mit dem Einzug der Eisenbahn, der nächste kam nach dem Zweiten Weltkrieg. Die diesem dritten «Boom» entspringenden Probleme und Aufgaben der öffentlichen Hand des Zentralortes und seiner bislang eigenständigen

Alles für den Gast

Nach bescheidenen Anfängen im Mittelalter (Badeorte) entwickelte sich der schweizerische Fremdenverkehr erst richtig ab Mitte des 19. Jahrhunderts – zunächst, indem Berggänger beherbergt wurden, dann mit dem Ausbau des Strassen- und Bahnnetzes und schliesslich mit dem zunehmenden Wohlstand der breiten Bevölkerung. Diese Entwicklung schlug sich rasch in einer wachsenden Zahl von Hotelbetrieben nieder. 1880 zählte man in der Schweiz 1002 Hotels, 1912 waren es schon 3586 Betriebe, und 1986 wurden 7200 erfasst.

Mit ihrer Geschichte verbunden sind international bekannte Hotelierfamilien: etwa die Seiler in Zermatt, die Cattani in Engelberg und die Badrutt in St. Moritz. «Alles für den Gast», hiess ihre Losung. Das galt nicht zuletzt für die bauliche Gestaltung sowohl der berühmten Paläste wie der einfachen Landgasthöfe, die oft einzigartige Kulturwerte darstellen. Denn hinter ihren Mauern verbergen sich zuweilen wahre Ausstattungsschätze: von der Eingangshalle über die Treppenhäuser bis zu den prunkvollen Speisesälen, von den Stuckdecken über das Parkett bis zu den Leuchtern und Gobelins, vom feingliedrigen Jugendstiltisch bis zum Louis-XV-Fauteuil.

Hiefür zeugen in Montreux das «Eden au Lac», das «Palace», «Excelsior» und andere. Dabei nahmen sich hier die touristischen Anfänge recht bescheiden aus. Ja, Mitte des 19. Jahrhunderts kannte man in dieser Gegend nur die «Trois Couronnes» in Vevey, «La Poste» in St-Gingolph und das «St-Bernard et Ferrex» in Orsières. Später mauserte sich Montreux zu einer Art Vergnügungsort, wo man aus der ganzen Genferseeregion hinging «pour faire la fête». Denn der Ort galt als jung, modern, fröhlich und wurde mit Cannes und Nizza verglichen. «Montreux était d'une folle gaieté.»

Erinnerungen an eine überschwengliche Blütezeit. Die Baustruktur von Montreux geht im wesentlichen zurück auf die hier Mitte des 19. Jahrhunderts beginnende touristische Entwicklung. Damals wurde die «Perle der Riviera» zur Ferienmetropole der europäischen Aristokratie, was sich in einer Reihe prunkvoller Hotelpaläste und Villen niederschlug.

Nachbargemeinden gipfelte 1961 in der Geburt der jüngsten Schweizer Stadt: Montreux und die umliegenden Dörfer schlossen sich zu einer einzigen politischen Gemeinde mit heute insgesamt 20 000 Einwohnern zusammen.

Geht man den Ursachen dieser Entwicklung nach, stösst man in Montreux auf eine Reihe von städtebaulich interessanten Fakten. So fällt auf, dass die Ortschaft seit den Anfängen des Tourismus fast vollständig auf das Verkehrsmittel Bahn ausgerichtet wurde, und zwar sowohl horizontal dem See entlang (Eisenbahn und Tramlinie) als auch vertikal dem Berggebiet zu (Bergbahnen aller Art). Genau diesen Linien folgte von Anfang an die Bautätigkeit der Hotellerie und der Privatpersonen, zumal auch topographische Hemmnisse sie in Schach hielten. Mit dem Ergebnis, dass sich die Siedlung ungewöhnlich rasch in die Breite und Höhe ausdehnte, ohne aber einen eigentlichen Kern mit Zentrumsfunktionen und auf diesen ausgerichtete Vororte herauszubilden.

Gegenläufiges Kräftespiel

Deshalb stand man hier in den sechziger Jahren vor einer schwierigen Planungsaufgabe, bei der städtebauliche, verkehrstechnische, landwirtschaftliche sowie alte und neue touristische Strukturen und Funktionen einander in die Quere kamen und kaum mehr restlos befriedigend aufeinander abzustimmen waren. Dennoch machten sich die Stadtbehörden daran, 1970 einen Verkehrs- und 1971 einen Nutzungsrichtplan zu erarbeiten. Diese zielten darauf ab, die Bevölkerungszahl langfristig zu verdoppeln und das Gebiet zwischen See und Waldgrenze weitgehend zu überbauen und zudem Clarens, Chernex und Territet – gleichsam als zweite Pfeiler – zu verstärken. Anhand dieser Grundlagen wurden 1972 ein neuer Zonenplan und ein neues Baureglement erlassen. Während der vergangenen zwei Jahrzehnte entwickelten sich dann die technische Infrastruktur und die übrige Bautätigkeit innerhalb dieses planerischen Rahmens.

Dem liefen aber umgekehrt andere Erscheinungen zuwider: der Schwund an guten Baugrundstücken, der wachsende Individualverkehr, die Notwendigkeit städtebaulicher Erneuerungen, der Schutz des architektonischen Erbes, die zunehmenden Vorschriften auf dem Gebiet des Umweltschutzes (etwa Lufthygiene und Lärmschutz) usw. riefen nach zusätzlichen Massnahmen. So mussten im Verlaufe der letzten Jahre in Montreux zum Beispiel rund achtzig Teilnutzungs- und Quartierpläne in Kraft gesetzt werden, wobei die zahlreichen Auflagen zur Einschränkung der Bautätigkeit nicht erwähnt sind. Dies alles fiel um so schwerer, als das Bewusstsein der Politiker und der Bevölkerung zugunsten der überlieferten Baukultur hier relativ spät erwachte. Immerhin: Die Erinnerung, dass es vorab die traditionsreichen Hotels waren, welche Ruhm und Grösse von Montreux begründeten und es zum Touristenzentrum «par excellence» machten, hat auch hier die Diskussion zwischen wirtschaftlichen Sachzwängen und ideellen Werten in Gang gebracht. Ob und wie lange dieses Umdenken im Lichte des verschärften Konkurrenzkampfes gerade im Fremdenverkehrswesen anhält, wird die Zukunft weisen.

Früher war Montreux ein kleines, feudales Lokalzentrum, umringt von gegen zwanzig Dörfern. Erst 1961 schlossen sie sich zu einer einzigen politischen Gemeinde mit zurzeit rund 20000 Einwohnern zusammen. Sie reicht von den lieblichen Ufern des Genfersees…

…über die fruchtbaren Weinberge mit ihrem trutzigen mittelalterlichen Schloss Châtelard…

… bis hinauf in die Alpen am Dent de Jaman und an den Rochers de Naye, die durch eine Bergbahn touristisch erschlossen sind.

Montreux ist aber nicht nur ein mondänes Ferien- und Kongresszentrum. Schüler und Studenten aus aller Herren Ländern lassen sich an den zahlreichen Privatschulen ausbilden, die hier seit Jahrzehnten ansässig sind.

Geschützt sind unter anderem die 21 von weiten Gärten umgebenen privaten Villen Dubochet im Ortsteil Clarens. Sie wurden zwischen 1874 und 1879 erstellt und samt Dienstboten an wohlhabende Gastfamilien vermietet, die nicht in einem der noblen Hotels untergebracht sein wollten. Um die Erneuerung und künftige Nutzung der teils vernachlässigten Bauten kümmern sich die Gemeinde, der Kanton und der Bund in einer Gemeinschaftsaktion.

Oben: Vor wenigen Jahren hätte die Markthalle von 1890 aus verkehrstechnischen Gründen abgebrochen werden sollen. Eine Volksinitiative verhinderte jedoch dieses Vorhaben. Statt dessen wurde der Komplex abgetragen, renoviert und leicht versetzt am Seequai wieder aufgerichtet. Diese Aktion gab zugleich die Initialzündung für weitere Massnahmen zum Schutze des touristischen Erbes der Gemeinde.

Unten: Eine wesentliche Rolle für den Aufschwung von Montreux hat die 1861 eröffnete Bahnlinie gespielt, die Frankreich und Deutschland verbinden sollte. Die alte Bahnhofhalle ist bis heute erhalten geblieben und vereinigt verblichene Noblesse mit Nostalgie.

1991:
Cham ZG

Freiräume bewusst gestaltet

Nicht nur unter Fachleuten hat die 1991 erfolgte Verleihung des begehrten Wakker-Preises an den zugerischen Industrieort Cham etwelches Stirnrunzeln bewirkt. Auch die Gemeindebehörden waren völlig überrascht, wie deren Vertreter anlässlich des Festaktes vom 22.Juni unumwunden einräumten. Denn hier sucht man vergeblich nach einem malerischen Städtchen oder nach der Geschlossenheit und Idylle früher geehrter Berg- und Weinbauerndörfer. Genau darum ging es dem Schweizer Heimatschutz aber diesmal nicht. Vielmehr komme der diesjährige Preis – so Heimatschutz-Präsident Ronald Grisard in seiner Laudatio – einer Gemeinde zu, die unter beträchtlichem Baudruck stehe und verstädtere, dem aber mit geeigneten Mitteln zu begegnen trachte. Nicht ein abgeschlossenes Werk galt es daher zu würdigen, sondern einen gut zehn Jahre zuvor in Gang gesetzten Prozess auf dem Gebiet der Freiraumplanung.

Geschützte Zonen erweitert

Konkrete Auslöser der Preisverleihung waren einerseits die bisherigen Bemühungen der Gemeinde, das Baugebiet durch innere Erholungs-, Spiel- und Grünflächen und Fussgängerverbindungen als Lebensraum aufzuwerten sowie die Umgebung des Siedlungsgebietes grossräumig zu schützen. Anderseits sollte die durch den Souverän beschlossene Revision der Ortsplanung von 1980, welche diesen Weg konsequent fortzusetzen verspricht, belohnt werden. Schon im damaligen Zonenplan, bei dessen Erlass das neue Bundesgesetz über die Raumplanung es erstmals ermöglichte, Bauten ausserhalb der Bauzonen zu verhindern, hat man die Einzonungen auf das bereits überbaute Gebiet beschränkt. Damit verblieben die zahlreichen im Landwirtschaftsgebiet gelegenen Weiler ausserhalb der Bauzonen. Mit der neuesten Revision wurden einzelne davon zudem als «Ortsbildschutzzonen» umgrenzt, womit deren Strukturen gesichert erscheinen. Ausserdem wurden im Baugebiet Zonen festgelegt, die freigehalten werden müssen oder nur von der öffentlichen Hand bebaut werden dürfen. Weiter gewährleistet ein besonderer Kernzonenplan eine anregende und wohnliche Gestaltung der Aussenräume. Er verpflichtet die Behörden auch dazu, zweckmässige Fussgängerverbindungen und Plätze zu schaffen. Schliesslich hat es die Gemeinde fertiggebracht, dass ihr Seeufer praktisch vollumfänglich von Bauten frei und öffentlich zugänglich geblieben ist.
Cham kämpft sodann aktiv für den öffentlichen Verkehr. Mit einem umfassenden Konzept wird versucht, Fussgänger, Radfahrer, Orts- und Regionalbusse sowie Zugsverbindungen zu fördern, den Autoverkehr zu vermindern und den Verkehrsfluss durch Pförtneranlagen, Verkehrskreisel, geschützte Fussgängerübergänge mit Inseln, Baumalleen und weiteren Massnahmen zu beruhigen. Ebenso will man den Charakter der Einzelhausbebauung durch Schutz der Baukubatur bewahren, setzt man sich für Bebauungspläne und Architekturwettbewerbe ein und ist man bestrebt, in der Zonenplanung die feingliedrigen Baustrukturen des Zentrums und den Charakter der einzelnen Quartiere zu erhalten.

Ein vernetztes Grünsystem

Die Anfänge dieser Bestrebungen gehen zurück auf 1972, als erstmals eine Landschaftskommission eingesetzt wurde, die ein umfangreiches Inventar über Erhaltens- und Verbesserungswürdiges vorlegte. Es bildete eine wertvolle Grundlage für die Ortsplanung von 1980 und die nun beschlossene Revision, um die sich besonders der frühere Bauvorstand Adolf Durrer als engagierter Einzelkämpfer verdient gemacht hat. Sie legt das Schwergewicht auf die künftige räumliche Entwicklung der Gemeinde – und hier namentlich auf das ausgewogene Verhältnis von Siedlungs- und Grünflächen – und verfolgt folgende Leitideen:
• Die Gemeinde Cham soll kontrolliert in der Grössenordnung von jährlich 100–150 Einwohnern wachsen können, wobei die vorhandenen Infrastrukturen gebührend mitzuberücksichtigen sind.

- Die grünen «Lungen» Städtlerwald/Schluecht und Rütiwald/Röhrliberg/Kirchbühl sollen als landwirtschaftlich genutzte Freiräume erhalten bleiben.
- Der Lorzelauf und das Seeufer sollen zu attraktiven, gut erreichbaren Freiräumen aufgewertet werden.
- Bei baulichen Veränderungen soll der Massstäblichkeit im Dorfkern Cham besondere Beachtung geschenkt werden.
- Die nicht eingezonten Aussenweiler Niederwil, Oberwil und Friesencham sollen in bezug auf Bausubstanz und Lebensgemeinschaft erhalten werden.
- Neue Wohn- und Arbeitsplätze sollen wo möglich durch verdichtetes Bauen unter möglichst geringem Kulturlandverlust geschaffen werden.
- Bauentwicklungsgebiete sind im Ortsgestaltungsplan aufzuzeigen.

Insbesondere das Teilleitbild über die Landschaft besticht durch seinen hohen Konkretisierungsgrad an landschaftsschützerischen Massnahmen. Diese zielen darauf ab, die Landschaft als Grundlage für die Landwirtschaft, als Lebensraum für Tiere und Pflanzen und als Erholungsraum für die Bevölkerung nicht nur zu erhalten, sondern auch aufzuwerten. So wird etwa angestrebt, verarmte Lebensräume durch Neugestaltungen, Überpflanzungen, Hecken- und Baumpflanzungen zu begrünen und Abbaugebiete zu rekultivieren. Öffentliche und halböffentliche Freiräume möchte man zu einem vernetzten Grünsystem miteinander verbinden.

Vom Königshof zum Industriedorf

Doch das ist teilweise noch Zukunftsmusik, die sich im harten Ringen der Tagespolitik zwischen planerischen Wünschen und ihrer konkreten Verwirklichung erst noch bewähren muss. Zeit also, einen Blick zurück in die Vergangenheit und den Werdegang Chams zu werfen. Früher als jede andere Zuger Gemeinde wird «Khama» 858 im Zusammenhang mit einem fränkischen Königshof erstmals urkundlich erwähnt. Dieser militärische und wirtschaftliche Stützpunkt, der weit über das heutige Gemeindegebiet reichte, ging im 11. Jahrhundert an die Grafen von Lenzburg und später an die Eschenbacher, Wolhuser und an die Edlen von Hünenberg. 1360 bekam der Ort von Karl IV. das Stadtprivileg, 1386 belagerten und eroberten ihn die Zuger, deren Vögte hier bis zur Französischen Revolution das Zepter führten. Die Freiheitsurkunde von 1798 bestätigte die Selbständigkeit der Chamer, deren Gemeinde 1803 Teil des neuen Kantons Zug wurde.

Bis zu diesem Zeitpunkt blieb Cham mit seinen Aussenweilern ein kleines Dorf, das im wesentlichen geprägt wurde durch seine Lage am Ausfluss des Zugersees beidseits der energiespendenden Lorze. Hatte dieser Standort schon im 17. Jahrhundert Mühlen, Schmieden und Sägen angezogen, entwickelte sich daraus später eine Papier- und Baumwollindustrie. Das landwirtschaftlich bestimmte Ortsbild veränderte sich stärker ab 1864, mit dem Anschluss an die Bahnlinie Zürich–Luzern und der zwei Jahre darauf gegründeten Firma «Anglo-Swiss Condensed Milk Company». Der Milchreichtum der Umgebung hatte den amerikanischen Konsul Charles Page auf die Idee gebracht, hier eine Milchsiederei zu errichten, die Kondensmilch herstellen sollte. 1905 fusionierte die Milchsiederei, die damals täglich 100 000 Liter Milch verarbeitete, mit der Nestlé. Nach der Weltwirtschaftskrise wurde deren Produktion aus Kostengründen ins Ausland verlagert, so dass die Fabrikanlagen seither von andern Unternehmen genutzt werden oder verschwunden sind.

Unterwegs zum attraktiveren Ortskern

Trotz dieses Rückschlages dauerte der rasante Bevölkerungszuwachs in Cham an. Zählte das Dorf im Jahre 1850 noch 1321 Einwohner, waren es 1900 bereits 3000 und sind es heute gegen 11000. Neben der industriellen Entwicklung am Ort waren dafür besonders der wirtschaftliche Aufschwung der nahen Kantonshauptstadt Zug sowie die immer engere Verflechtung mit der Agglomeration Zürich

Planung als Hilfsmittel

Die Zuger Gemeinde Cham ist ein schönes Beispiel dafür, wie durch eine permanente und kreative Ortsplanung auch innerhalb überlieferter Strukturen wegweisende städtebauliche Konzepte entwickelt, im Detail geplant, politisch tragfähig gemacht und schliesslich verwirklicht werden können. In ihrer Schrift «Cham – vom Dorf zur Stadt» führen Pius Sidler und Adolf Durrer dazu aus:

«Dem Kern wurde besondere Aufmerksamkeit geschenkt: Diese bis dahin von Industrie und Strasse stark zerstückelte Zone, die zugleich die höchste Dichte an typischen Chamer Bauten und Räumen besass, sollte zu einer harmonischen und charakteristischen Einheit werden. Dabei wollte man als Antwort auf die überall entstehenden Einkaufszentren im Grünen die bestehenden Einkaufsmöglichkeiten erhalten. Dies sollte durch die Schaffung von verkehrsfreien Einkaufsbereichen (siehe Skizzen), von den Durchgangsstrassen abgewandt, erreicht werden.

Die Trennung des Dorfkerns vom Lorzen- und Seeufer sollte durch die etappenweise Umwandlung der Industriezone in eine Dorfkernzone aufgehoben werden. Als letzter, sehr bedeutender Punkt wurde die Wahrung der Massstäblichkeit in die Kernplanung aufgenommen. Das prägende Dorfbild Chams, das sich durch die Abfolge von ähnlich ausgeformten Bauten auf kleinen Parzellen ergab, sollte beibehalten werden.»

Dank sorgfältiger Vorarbeiten (Planungen, Studien, Wettbewerbe) und einer motivierten Stimmbürgerschaft wurde inzwischen ein schöner Teil dieser Ziele erreicht.

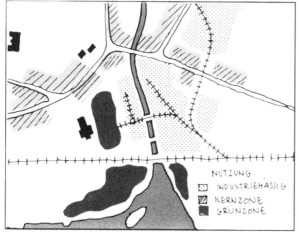

Zustand heute, bei dem Bauten und Industriegeleise die Kernentwicklung und Verbindung zur Seeuferlandschaft hemmen.

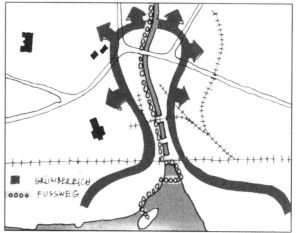

Einbezug von Seepark und Lorze-Ufer in die Entwicklung des Kerns (Quelle: «Schweizerische Kunstführer»).

ausschlaggebend. Damit einher ging ein ständig anschwellender Pendler- und Durchgangsverkehr. Er sollte für die Chamer anfangs der achtziger Jahre mit täglich 20 000 Bewegungen zusehends zur Qual werden und veranlasste sie nach der Ablehnung einer kantonalen Umfahrungsstrasse zur Annahme eines Konzeptes, das dem Verkehr auf vier Ebenen zu Leibe rücken wollte. Dieses läuft darauf hinaus, den Transitverkehr auf die Autobahn umzuleiten, die Durchgangsstrassen im Interesse der Fussgänger und Velofahrer zu verengen, den Tarifverbund zu verbessern und die Umfahrungsoption offen zu halten.

Aber auch in bezug auf die demographische und städtebauliche Entwicklung der Gemeinde setzte nach den Höhenflügen der sechziger Jahre, als man in Cham noch mit einer Einwohnerzahl von 24 000 rechnete, allmählich ein qualitatives Denken ein. So flossen in die Ortsplanung von 1980 Naturschutzgebiete, Ortsbilder und erhaltenswürdige Kulturdenkmäler ein, und in der Kernplanung wurden die Grundlagen für eine harmonische Dorfkerngestaltung geschaffen. Dabei wurde das Ziel verfolgt, die vorhandenen Einkaufsmöglichkeiten zu sichern und durch die Bildung verkehrsfreier Bereiche attraktiver zu machen sowie das bisherige Industrieland mit einer Verbindung zwischen Dorfkern, Lorze und See aufzuwerten und in die Kernzone einzubeziehen. Nicht zuletzt sollte damit die Siedlungsstruktur Chams, die durch eine Abfolge ähnlicher Bauformen gekennzeichnet ist, beibehalten und unter Wahrung der Massstäblichkeit weiterentwickelt werden.

Denkmäler, Villen und «Arbeiterbeizli»

Zu den historisch wichtigsten Baukomplexen Chams gehören das bis ins frühe Mittelalter zurückgehende Schloss St. Andreas mit der gleichnamigen Kapelle inmitten eines gepflegten Parks, die spätbarocke Pfarrkirche von 1796, zu der sich die Kirche St. Mauritius von 1846 in Niederwil sowie die 1915 gebaute evangelisch-reformierte Kirche gesellen. Wie auf einer verträumten Insel wähnt man sich im ehemaligen Zisterzienserinnen-Kloster Frauenthal, das 1253 gegründet und dessen Kirche vor einigen Jahren umgestaltet und mit einer Rokokodecke versehen wurde. Neueren Datums ist hingegen das Kloster Heiligkreuz. 1859 für Lehr- und Waisenschwestern des Benediktinerordens errichtet, dient es heute als Töchter-Institut für verschiedene Lehrerinnen-Ausbildungen. Im übrigen ist der

Die Wohn- und Geschäftsüberbauung «Neudorf» drückt die Bestrebungen von Behörden und Einwohnern Chams aus, den Dorfkern mit entsprechenden Einkaufsmöglichkeiten und verkehrsfreien Bereichen aufzuwerten. In Formen und Materialien lehnt sich die Anlage an die umliegende Industrielandschaft an. Unter einem Dach sind hier Wohnungen, Geschäfte, Restaurants und wichtige Fussgängerverbindungen untergebracht.

Dorfkern vor allem geformt von den frühindustriellen Wohn- und Gewerbebauten längs der Lorze. Mehrheitlich das 18. Jahrhundert verkörpern die noch gut erhaltenen Bürgerhaus-Ensembles um den Kirchplatz und um St. Andreas sowie die über das ganze Siedlungsgebiet verstreuten Bauernhöfe. Der wirtschaftliche Aufschwung um die Jahrhundertwende sollte Cham besonders einschneidend verändern. So dehnten sich nicht nur die Fabrikanlagen ständig aus, es schossen auch weitherum und in recht lockerer Bauweise Arbeiter- und Angestelltenhäuser, Fabrikantenvillen mit grosszügigen Gärten sowie repräsentative öffentliche Bauten aus dem Boden. Gleichzeitig wurden die Strassenzüge erweitert, das Bahnareal samt Geleiseanlagen vergrössert, und vor allem im Nahbereich der Milchsiederei entstanden zahlreiche Arbeitergaststätten. Das neuerliche Wachstum ab etwa 1960 drückte sich in verschiedenen Wohnquartieren aus, welche die bis anhin freigebliebenen Obstgärten innerhalb des Siedlungsraumes zu verdrängen begannen. Aus dem einstigen Bauern- und späteren Industriedorf entwickelte sich Cham zur Kleinstadt mit heute 565 (meist kleineren) Betrieben und 4400 Arbeitsplätzen. Es versteht sich, dass dieser Schub auch einen entsprechenden Infrastrukturbedarf mit teils weitreichenden städtebaulichen Folgen nach sich zog, von denen hier nur drei Beispiele herausgegriffen seien.

Wettbewerbe bieten Chancen

An der Nordseite der Zugerstrasse haben die einstigen Fabrikbauten der Milchsiederei dem «Neudorf» Platz gemacht, einem gelungenen Komplex mit gedeckter Einkaufsstrasse und Wohnungen. Durch dessen Längs- und Querachsen führen wichtige Fussgängerverbindungen, die zu verschiedenen Dorfteilen Brücken schlagen. In seiner Backsteinkonstruktion weckt der moderne Bau Erinnerungen an seine industriellen Vorläufer, und dank seiner diskreten Gliederung nimmt er vorbildlich Rücksicht auf die kleinmassstäblichen Nachbargebäude. Aus einem von privaten Grundeigentümern zusammen mit der Gemeinde durchgeführten Projektwettbewerb hervorgegangen ist sodann die zentral gelegene Bebauung «Lorze Süd» mit Gemeindesaal, Bibliothek, Hotel, Restaurant, Wohn- und Geschäftsbauten sowie neuen Fussgängerverbindungen längs der Lorze. Schliesslich gewann die Gemeinde auch die SBB für einen gemeinsamen Wettbewerb zur Neugestaltung des Bahnhofareals. Das prämierte Projekt sieht namentlich vor, das Bahnhofgebäude von 1893 zu erhalten, das Gebiet verkehrsmässig besser zu erschliessen, baulich zu erweitern und mit dem Kern zu verbinden sowie den Zugang zum See zu erleichtern.

Linke Seite: Wurde die Lorze ehedem von Fabriken und Gewerbebetrieben energiewirtschaftlich genutzt, sieht die neue Ortsplanung vor, den Flusslauf und seine Ufer als Freiraum und Bindeglied zwischen See und Ortskern für Fussgänger zu gestalten.

Rechte Seite, oben: Besonders am Herzen lag den Chamern, die Siedlungsumgebung grossräumig zu schützen. Damit verblieben viele im Landwirtschaftsgebiet gelegene Weiler ausserhalb der Bauzonen. Einzelne von ihnen wurden zudem als «Ortsbildschutzzonen» bezeichnet, so das Kloster Frauenthal und sein Umfeld.

Rechte Seite, unten: Trotz der rasanten Entwicklung der Gemeinde vom Bauerndorf zur Industriestadt finden sich noch überall solch verträumte Oasen mit stolzen Zeugen ländlicher Bautradition samt gepflegten Bauerngärten.

Südfassade der 1989 restaurierten «Villette», einer herrschaftlichen Villa mit einem grosszügigen Park und ehrwürdigem Baumbestand. Die Gemeinde hat sie etappenweise erworben und das Ganze als gediegene Seeuferanlage der Öffentlichkeit zugänglich gemacht.

1992:
St. Gallen SG

Gestaltend weiterbauen

Mit der Verleihung des Wakker-Preises von 1992 an die Stadt St. Gallen hat der Schweizer Heimatschutz gewissermassen eine neue Dimension in seine nunmehr zwanzig Jahre bestehende «Preispolitik» einbezogen. Denn nicht, was einst gebaut und in unsern Tagen erhalten und renoviert worden ist, veranlasste ihn diesmal zur Preisvergabe, sondern eher die Methode einer vorausschauenden Baupolitik eines Gemeinwesens. Diese lässt sich in der Gallusstadt seit einigen Jahren beobachten und besteht in umfangreichen städtebaulichen Studien über grössere Gebiete als Grundlage für bedeutende Planungs- und Bauentscheide. Noch bevor sich in einem Baugebiet konkrete Bauabsichten regen, erarbeitet das Stadtplanungsamt zusammen mit privaten Architekturbüros und aufgrund eingehender siedlungsgeschichtlicher Analysen eigene Überbauungsvorschläge in Form von Modellen, die dann mit den Eigentümern und deren Architekten besprochen und allenfalls weiterentwickelt werden.

Obwohl diese Gestaltungsstudien rechtlich unverbindlich sind, bewirken sie, dass sich das Baugeschehen rücksichtsvoll und qualitativ hochstehend in seine Umgebung einordnet und so einem wichtigen ortsbildpflegerischen Anliegen gerecht wird.

Zu Recht und wegweisend-ermunternd für andere führte deshalb der Schweizer Heimatschutz in seiner Preisbegründung aus: «Mit diesen Vorarbeiten legt die Verwaltung die Basis für eine wesentliche und oft aufreibende Überzeugungsarbeit, die aber meist mehr Wirkung hat, als es rechtsverbindliche Planungsvorschriften zu erzielen vermögen. Die Beratungstätigkeit erfolgt in positivem Gesprächsklima, bevor der Bauherr auf seinen Anspruch auf Bewilligung pocht. Das Verfahren wird den Eigenheiten eines bestimmten Ortes oder den erhöhten Anforderungen des verdichteten Bauens besser gerecht, als es verallgemeinernde Bauvorschriften je können.»

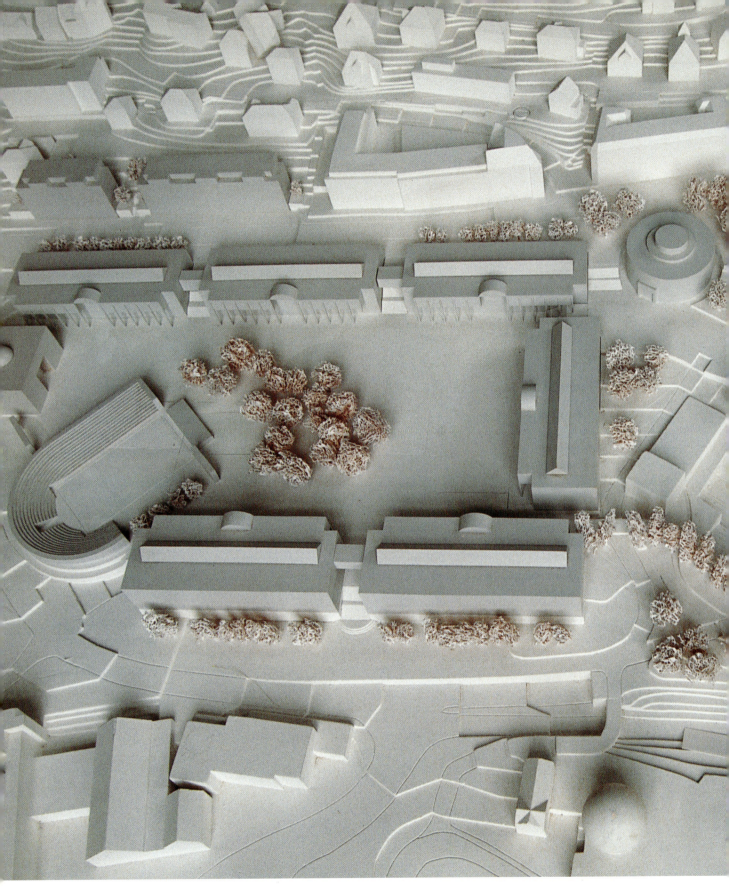

Rechts: In der Regel wird die Stadt St. Gallen aktiv, bevor an einem grösseren «verdächtigen Ort» Bauabsichten kund werden. Zusammen mit privaten Architekturbüros und aufgrund siedlungsgeschichtlicher Analysen erarbeitet sie Gestaltungsstudien, die sie dann den Eigentümern und deren Baufachleuten nahebringt. Mit diesem anspruchsvollen und standortbezogenen Verfahren kann ein qualitätsvolles Bauen oft besser gefördert werden als mit allgemeinen Bauvorschriften.